CATALOGUE

D'UNE PETITE

COLLECTION DE LIVRES

RARES ET PRÉCIEUX

IMPRIMÉS ET MANUSCRITS

PROVENANT

DE LA BIBLIOTHÈQUE DE M. L'AVOCAT G* DE FLORENCE**

DONT

La vente aura lieu le mercredi, 15 février, et jours suivants, à 7 heures du soir,

Rue des Bons-Enfants, 28, Maison Silvestre

Par le ministère de Me PILLET, commissaire-priseur, Rue de Choiseul, 11.

On remarquera particulièrement dans ce catalogue : Plusieurs manuscrits importants, notamment : *Postillæ Nicolai de Lyra super Bibliam,* 3 vol. in-fol. sur vélin, datés de 1402, avec de nombreuses miniatures (no 1) : *Evangelium Joannis*, in-4, sur vélin du XIIe siècle (2); *Poemi italiani*, in-fol. XVIe siècle (298); *Psalterium latinum*, sur vélin, XVe siècle (606) ; *Collationes abbatis Ysaac*, sur vélin, XIVe siècle (613); un Portulan (440).

Et parmi les imprimés une collection importante d'écrits de Jérôme Savonarole (55-103); plusieurs ouvrages curieux sur la calligraphie (202-210 *bis*); une riche série d'ouvrages sur les beaux-arts, livres à figures, recueils de gravures anciennes, portraits, costumes, broderies (211-292); *M. T. Ciceronis Philippicæ*, 1474 (312); *Alione d'Asti*, seconde édition, presque inconnue (336); *Trionfi, etc. di Petrarca*, 1490, in-fol. (353); *Geographia di Fr. Berlingeri*, 1480, in-fol. (356); *Hypnerotomachia Poliphili*, 1499, in-fol. (392 et 393); plusieurs voyages anciens (441 et seq.); une précieuse collection d'entrées, fêtes, cérémonies célébrées dans diverses villes d'Italie (525-559); *Boccacii liber de mulieribus claris*, première édition (582), etc.

PARIS,

L. POTIER, LIBRAIRE,

QUAI MALAQUAIS, 9.

1865.

SOUS PRESSE :

Catalogue de la riche bibliothèque de **M. Chédeau,** de Saumur, dont la vente aura lieu en Mars (beaux manuscrits avec miniatures; livres d'heures gothiques imprimés sur vélin; livres ornés de gravures; poëtes français des quinzième et seizième siècles; éditions originales des classiques français; romans de chevalerie; recueils de chansons des seizième et dix-septième siècles; conteurs; facéties; ouvrages curieux sur l'histoire de France, et autres livres précieux dans divers genres).

Paris.— Typographie de Ad. Lainé et J. Havard, rue des Saints-Pères, 19.

CATALOGUE

DE LA

BIBLIOTHÈQUE

DE M. G***.

ORDRE DES VACATIONS.

1re VACATION. — *Mercredi* 15 *février*.

Nos 27 à 199.

2e VACATION. — *Jeudi* 16 *février*.

Nos 200 à 376.

3e VACATION. — *Vendredi* 17 *février*.

Nos 377 à 559.

4e VACATION. — *Samedi* 18 *février*.

Nos 560 à 681.
2 à 26.
1.

CONDITIONS DE LA VENTE.

Il y aura, chaque jour de vente, exposition, de 2 à 4 heures, des livres qui seront vendus le soir.

Les livres vendus devront être collationnés sur place, dans les vingt-quatre heures de l'adjudication. Passé ce délai, ou une fois sortis de la salle de vente, ils ne seront repris pour aucune cause.

Les acquéreurs payeront, en sus du prix d'adjudication, 5 centimes par franc applicables aux frais.

Paris. — Imprimerie de Ad. Lainé et J. Havard, rue des Saints-Pères, 19.

CATALOGUE

D'UNE PETITE

COLLECTION DE LIVRES

RARES ET PRÉCIEUX

IMPRIMÉS ET MANUSCRITS

PROVENANT

DE LA BIBLIOTHÈQUE DE M. L'AVOCAT G*** DE FLORENCE

DONT

La vente aura lieu le mercredi, 15 février, et jours suivants, à 7 heures du soir,

Rue des Bons-Enfants, 28, Maison Silvestre

Par le ministère de Me PILLET, commissaire-priseur,

Rue de Choiseul, 11.

On remarquera particulièrement dans ce catalogue : Plusieurs manuscrits importants, notamment : *Postillæ Nicolai de Lyra super Bibliam*, 3 vol. in-fol. sur vélin, datés de 1402, avec de nombreuses miniatures (no 1) : *Evangelium Joannis*, in-4, sur vélin du XIIe siècle (2); *Poemi italiani*, in-fol. XVIe siècle (298); *Psalterium latinum*, sur vélin, XVe siècle (606) ; *Collationes abbatis Ysaac*, sur vélin, XIVe siècle (613); un Portulan (440).

Et parmi les imprimés une collection importante d'écrits de Jérôme Savonarole (55-103); plusieurs ouvrages curieux sur la calligraphie (202-210 *bis*); une riche série d'ouvrages sur les beaux-arts, livres à figures, recueils de gravures anciennes, portraits, costumes, broderies (211-292); *M. T. Ciceronis Philippicæ*, 1474 (312); *Alione d'Asti*, seconde édition, presque inconnue (336); *Trionfi, etc. di Petrarca*, 1490, in-fol. (353); *Geographia di Fr. Berlingeri*, 1480, in-fol. (350); *Hypnerotomachia Poliphili*, 1499, in-fol (392 et 393); plusieurs voyages anciens (441 et seq.); une précieuse collection d'entrées, fêtes, cérémonies célébrées dans diverses villes d'Italie (525-559); *Boccacii liber de mulieribus claris*, première édition (582), etc.

PARIS,

L. POTIER, LIBRAIRE,

QUAI MALAQUAIS, 9.

1865.

128. Pauli Veneti aureum opus quod quadratura inscribitur feliciter incipit. — *Explicit Pauli Veneti prope diuinum opus quod quadratura inscriptum est..... Impressum Papie anno* 1483, *per Damianum de Confaloneriis de Binasco.* In-fol. goth. à deux col., rel. en bois.

129. F. Thomæ Campanellæ Realis philosophiæ epilogisticæ Partes quatuor, hoc est de rerum natura, hominum moribus, politica (cui Civitas solis juncta est) et œconomica. *Francofurti*, 1623, in-4, vél.

130. Jordani Bruni Nolani Camœracensis Acrotismus seu rationes articulorum physicorum aduersus peripateticos Parisiis propositorum. *Vitebergæ*, 1588, in-8, v.

131. Francisci Petrarcæ de remediis utriusque fortunæ libri II. *Venetiis, Alex. Paganini*, 1515, in-24, v. dent. doré sur tr.

132. Proemium Marsilii Ficini Florentini in Librum de Vita ad magnanimum Laurentium Medicem. *Florentiæ, Mischominus*, 1489, in-fol. n. vél.

133. De instituendo sapientia animo. Matthæi Bossi Disputationes. *Bononiæ, Plato de Benedictis*, 1495, in-4, r. en bois.

Volume rare et bien imprimé. A la fin est ajouté : Matthæi Bossi, in Jesu Christi salvatoris passione flexibilis et devotissimus sermo. *Bononiæ*, 1495.

Un exemplaire des deux ouvrages, imprimé sur vélin, se conserve à la bibliothèque Sainte-Geneviève, à Paris.

134. Dialogo di M. Lodovico Dolce della istituzion delle donne. *Vinegia, Giolito*, 1545, in-8, demi-rel.

135. Idea del Prelato, trattato del sig. Baldovino di Monte Simoncelli. *Firenze, Pignoni*, 1616, in-4, non rel.

136. Discorsi sopra Tito Livio di Antonio Ciccarelli da Foligno. *Roma, Paolini*, 1598, in-4, non rel.

Volume rare de la collection aldine. (*Voy.* Renouard, Annales des Aldes.)

137. Venticinque discorsi politici sopra Livio della seconda guerra Cartaginese di Aldo Manutio. *Roma, Faciotto*, 1602, in-8, demi-rel.

Volume rare de la collection aldine. (*Voy.* Renouard.)

138. Tractatus de argumento monetæ, auctore Jo. Bapt. Corrazzario. *Romæ*, 1641, in-4, vél.

Dans le même volume : Concordia generalis doctorum ad regulas solutionum pro qualibet variatione monetarum in tractatu Monetæ præscriptas, auctore Jo. Bapt. Corazzario. *Romæ, Grignani*, 1642.

II. SCIENCES PHYSIQUES, NATURELLES, etc.

Histoire naturelle, agriculture, médecine.

139. Trattato delle meteore di Francesco Vieri Fiorentino. *Fiorenza, Marescotti*, 1573, in-8, demi-rel.

140. Catascopia minerale, ouero Modo di far saggio d'ogni miniera metallica, trattato del sig. Marchese Marco della Fratta Montalbano. *Bologna*, 1676, in-4, cart.

141. Delle pietre antiche libri quattro di Faustino Corsi romano. *Roma, Salviucci*, 1828, in-8, demi-rel.

142. Il Trattato delle fontane et acque di Ritorbio, di M. Theodoro Guainerio, Pavese, di latino fatto italiano. *Lione, appresso le herede di Jacobo Giunti*, 1577, in-8, vél.

Volume assez rare.

143. Fabi Columnæ Pitobasanos, cui accessit Vita Fabi et Lynceorum notitia, adnotationesque, Jano Planco Ariminensi auctore. *Florentiæ*, 1744, in-4, fig. br. en cart.

144. Fabii Columnæ Lyncei minus cognitarum stirpium pars altera. *Romæ, Mascardus*, 1616. — Purpura. — *Ibid.*, 1616. — Minus cognitarum stirpium Ecphrasis, etc. *Ibid.*, 1616, 3 part. en 1 vol. in-4, fig. vél.

Très-bel exemplaire de cette édition complète, avec le traité *de Purpura*, qui est le plus rare. On trouve, dans la première partie, le portrait de Columna.

145. Icones fungorum Carnioliæ qui in Flora Carniolica numerantur. Edit. 1760. *Viennæ*, in-fol. rel. en bois recouvert de peau de truie.

Manuscrit autographe de J. Scopoli, avec la dédicace signée de l'auteur au comte Castiglioni. Les planches sont peintes par Thomas Hormann, et ont, à côté, les descriptions écrites par l'auteur même.

146. Due libri dell' historia de i semplici, aromati, et altre cose che vengono portate dall' Indie Orientali di Don Garzia dell' Horto. Et due altri libri di quelle che si portano dall' Indie Occidentali di Nic. Monardes. *Venetia*, 1576, in-4, fig. vél. (*Rare.*)

147. Observationes circa viventia quæ in rebus non viventibus reperiuntur cum micrographia curiosa, a P. Philippo Bonanni. *Romæ*, 1699, in-4, fig. vél.

148. Questo libro si chiama Crescentio impero che fu fatto e compilato da Piero Crescentio cittadino di Bolognia per utilità della villa. In-fol. rel. en bois.

Manuscrit du XVe siècle, sur papier, à deux colonnes. Le volume commence avec la table, sur le demi-feuillet de laquelle on lit : *Questo libro..... e di Francesco di M. Cino deuanni de Cini ischristo di sua mano propria.* Vient après un sonnet du même Cini. Sur l'avant-dernier feuillet, on lit encore : « Questo libro e di Franceschо di mess. Cino deuanni Cini dassiena lanaiuolo. » Et, sur le dernier, un autre sonnet. Le livre d'agriculture de Crescenzio est un texte pour la langue italienne. Le livre dixième est entièrement consacré à la chasse.

149. Libro della Agricoltura di Piero Crescentio. — *Impressum hoc opus per me Leonardum de Basilea,* 1490, in-fol. v.

150. Tractatus de Venenis a magistro Petro de Albano editus. *Impressus Rome,* 1490, in-4, goth. n. rel.

151. Trattato di Christoforo Acosta Africano della historia, natura et virtù delle droghe medicinali et altri semplici rarissimi che vengono portati dalle Indie Orientali, con le figure delle piante. *Venetia,* 1585, in-4, fig. vél.

152. Fasciculus medicine. Praxis tam chirurgis quam etiam physicis maxime necessaria..... Joannis de Ketam. *Venetiis, per Cesarem Arrivabenum,* 1522, in-fol. fig. en bois, demi-rel. dos de mar.

Ouvrage très-rare, et remarquable pour ses belles figures en bois ses initiales fleuronnées. (*V.* Brunet.) Le bas du titre raccommodé.

153. Discorsi di Pietro Paolo Magni sopra il modo di sanguinare, attaccar le sanguisughe et le ventose, etc. *Brescia, Fontana* (1618), 2 part. en 1 vol. in-4, fig. en t. d. vél.

154. Gli Ornamenti delle donne per M. Giovanni Marinello. *Venetia, de Franceschi,* 1562, in-8, mar. v.

Ouvrage qui traite de la toilette des dames et de la conservation de leur beauté. Livre rare.

155. Ornamenti della gentil donna vedova, opera di Giulio Cesare Cabei. *Vinetia, Zanetti,* 1574, in-8, demi-rel.

III. SCIENCES MATHÉMATIQUES.

1. *Arithmétique, géométrie, mécanique, astronomie.*

156. Elementale geometricum ex Euclidis geometria a Joanne Voegelin, ad omnium Mathematices studiosorum utilitatem decerptum. *Parisiis, Wechel,* 1534, pet. in-8 cart.

157. Libro de Abacho.Qui comenza la nobel opera de arithmetica..... compilàta per Piero da Borgi da Venetia. *Venetia, Sessa,* 1501, in-4, cart.

Ouvrage rare.

158. Arithmetica prattica utilissima artificiosamente ordinata

da M. Francesco Pagani da Bagnacavallo. *Ferrara,* 1591, in-4 vél.

159. Arithmetica e geometria del sig. Gio. Francesco Peuerone di Cuneo. *Lione, di Tornes,* 1581, in-4, fig. cart.

160. Tariffa del pagamento di tutti i dacii di Venetia, con molte altre cose che sono al proposito a tutti i mercadanti, composta per Alessandro Moresini. *Sans lieu ni date,* XVIe siècle, in-8 vél.

Ouvrage rare.

161. Libro del peso con che si debbe pesare il pane che si vende nella citta di Piacenza, composto per Lod. Biancolini. *Piacenza,* 1568. — Continuatione del calcolo del peso del pane tagliato fatta gia da Giulio Cesare Trompelli. *Piacenza,* 1648, rel. en 1 vol. in-4, cart. (*Mouillé*).

162. La Operazione del compasso geometrico et militare di Galileo Galilei. *Padova,* 1640, in-4, fig. n. rel.

163. Opusculum geometricum in quo proportionis parabolarum cum diversis superficiebus enucleatur doctrina. Adduntur etiam alia, etc. Auctore Cosma de Nopheris Florentino. *Florentiæ, sub signo Stellæ,* 1660, in-4, vél. dent. dor. sur tr.

Ce mathématicien fut considéré à Florence comme un des premiers après Galilée. A la fin du volume sont deux planches de figures géométriques.

164. Dell' Arte del misurare libri due di M. Girolamo Cataneo, libro primo e libro secondo. *Brescia, Turlini, s. d.*, in-4, fig. en bois, vél.

165. Cosimo Bartoli del Modo di misurare le distantie, le superficie, i corpi, le piante, le provincie, le prospettive, e tutte le altre cose terrene, secondo le vere regole d'Euclide. *Venetia, Combi,* 1614, in-4, fig. vél.

Le volume a quelques notes manuscrites sur les marges, dont l'écriture a beaucoup d'analogie avec celle de Galilée. Elles sont, en tous cas, d'un mathématicien distingué.

166. Tre discorsi sopra il modo d'alzar le acque da luoghi bassi per adacquar terreni, etc. (di Giuseppe Ceredi). *Parma, Viotti,* 1567, in-4, fig. sur bois, vél.

Ouvrage rare. La signature de la dédicace fait connaître le nom de l'auteur.

167. Le diverse et artificiose macchine del capitano Agostino Romelli. *Parigi,* 1588, in-fol., fig. en t. d., demi-rel.

168. Le Machine, volume nuovo et di molto artificio da fare effetti maravigliosi tanto spiritali quanto di animale operatione, arrichito di bellissime figure con le dichiarationi a ciascuna di esse in lingua volgare e latina del sig. Giovanni

Branca. *Roma, ad istanza di Jacomo Manucci, per Jacomo Mascardo*, 1629, in-4, fig. en bois, cart.

Ce rare volume fait connaître un descendant des Manuces. Dans le catalogue de Libri, juillet 1862, ce livre est noté comme fameux dans l'histoire des machines à vapeur. Un exemplaire en grand papier y a été vendu 257 fr. 50 c.

169. Memorie idraulico-storiche sopra la Val-di-Chiana compilate dal cav. Vittorio Fossombroni. *Firenze*, 1789, gr. in-4, fig., br. en cart.

170. La Tiberiade di Bartole da Sassoferrato del modo di dividere l'Alluvioni, l'Isole, et gli Alvei, con l'annotationi et espositioni di Claudio Tobaldutii. *Roma*, 1587, in-4, fig., demi-rel.

171. Thaumaturgus mathematicus, id est admirabilium effectorum e mathematicarum disciplinarum fontibus profluentibus Sylloge, Casparo Ensl. collectore. *Coloniæ*, 1651, pet. in-8, fig., cart.

172. Flores Albumasaris. *Aug. Vindel. Ratdolt*, 1495. — Introductorium in astronomiam Albumasaris abalachi. *Aug. Vind., Ratdolt*, 1489. — Opusculum repertorii pronosticon in mutationes aeris tam via astrologica quam meteorologica, etc. *Venetiis, Ratdolt*, 1485, rel. en 1 vol. in-4, fig. sur bois, vél.

Bel exemplaire de ces trois livres, avec figures en bois et initiales fleuronnées.

173. Gemmæ Frisii de radio astronomico et geometrico liber. *Lutetiæ, Cauellat*, 1557, in-8, fig. en bois, vél.

174. Dialogo di Galileo Galilei sopra i due massimi sistemi del mondo. *Fiorenza, Landini*, 1632, in-4, cart.

Édition rare. Titre gravé par Stef. della Bella.

175. Dialogo di Galileo Galilei Linceo dove si discorre sopra i due massimi sistemi del Mondo Tolemaico e Copernicano. *Fiorenza*, 1710, in-4, vél.

176. Galilæi Galilæi Systema cosmicum. *Lugd. Bat.*, 1699, in-4, fig. et portr. vél.

Dans le même volume : Discursus et Demonstrationes mathematicæ circa duas novas scientias pertinentes ad mechanicam et motum localem Galilæi Galilæi. *Lugd. Bat.*, 1699.

177. Novæ Theoricæ planetarum Georgii Peurbachii, conspurcatæ a Petro Apiano, et eruditis figuris illustratæ. *Venetiis*, 1562, in-8, fig., vél.

A la fin se trouve relié l'opuscule suivant : « Dechiaratione delle parti del Quadranta, con l'uso di quelle et della scala altimetra. *Venetia, Guerra*, 1563, fig. »

178. Ephemerides perpetui circuitus solis anno salutis 1473 habens exordium. — Expliciunt Ephemerides solis et lune planetarumque perpetue. *Impensis opera et arte impressionis mirifica Petri Liechtenstein coloniensis explete anno Siderum conditoris*, 1498, *Idibus Octobris*, *Venetiis*. In-4, demi-rel.

M. Brunet, art. Monteregio, mentionne d'autres éditions de ce volume, qu'il dit très-remarquable à cause des planches dont il est rempli. Bel exemplaire.

179. Tabule astronomice Alfonsi Regis. *Venetiis, opera et arte Johannis Hamman de Landoia dictus Hertzog*, 1492, in-4, demi-rel.

On trouve, à la fin du volume, des additions manuscrites.

180. Tabulæ Frisicæ Lunæ-Solares quadruplices e fontibus Cl. Ptolemæi, Regis Alfonsi, Nic. Copernici et Tychonis Brahe recens constructæ opera et studio Nicolai Muleri. *Alcmariæ*, 1611, in-4, vél.

181. Primo volume dell' uso et fabbrica dell' Astrolabio et del planisferio, di M. Egnatio Danti. *Firenze, Giunti*, 1578, in-4, fig., vél.

Premier volume, seul publié. Édition plus complète que celle de 1569.

182. Nouiciis adolescentibus..... Joannis de sacro busto sphericum opusculum. Contra cremonensia in planetarum theoricas delyramenta Joannis de Monteregio disputationes acuratiss. Nec non Georgii Purbachii in eorundem motus planetar. acuratiss. theorice. — *Impressum hoc est opusculum mira arte et diligentia Erhardi Ratdolt Augustene* 2 *non. julij anno salutis* 1482, in-4, goth. fig.

Dans le même vol. se trouve relié : In laudem operis Calendarii a Joanne de Monteregio.... edit. Jacobi Sentini Ricinensis Carmina. *Anno S.* 1483. *Idus septembris*, *Venetiis*. In-4, goth. fig.
Beaux exemplaires.

183. Almanach novum Petri Pitati veronensis mathematici, superadditis annis quinque super ultimas hactenus in lucem editas Joannis Stœfleri ephemeridas, 1551, ad futurum Christi annum 1556, etc. *Tubingæ*, 1544, in-4, vél.

Volume presque entièrement composé de tables astronomiques pour les années 1544-1556. Au verso du quatrième feuillet il y a un beau portrait gravé sur bois de Jo. Stœfler. L'avant-dernier feuillet est refait à la plume.

184. Orontii Finei de solaribus horologiis et quadrantibus libri quatuor. *Parisiis, Cauellat, s. d.*, in-4, fig. sur bois, c.

185. L'Uso della squadra mobile di Ottavio Fabri. *Padova*, 1670, in-4, fig. en t. d. vél.

Cette édition passe pour plus correcte et meilleure que la première.

186. L'Arte della navigatione con il Regimento della Tramon-

tana, e del Sole, e la Regola del flusso e reflusso delle acque, di Agostino Cesareo. In-4, vél.

Manuscrit sur papier, du xvie siècle, avec figures dessinées à la plume, probablement autographe. L'ouvrage est divisé en six parties et est resté inédit.

2. *Art militaire.*

187. Sextus Julius Frontinus, Flavius Vegetius, Ælianus, Modestus, de re militari. *Bononiæ*, 1496, in-fol., demi-rel.

Quelques feuillets raccommodés.

188. Vallo libro continente appertinentia ad Capitanii, retenere et fortificare una Citta con bastioni, etc. *Venetia*, 1524, in-8, fig. en bois, vél.

189. Maniement d'armes, d'arquebuses, mousquetz et piques, représenté par figures, par Jacques de Gheyn. *Amsterdam*, 1608, in-fol. vél.

Livre curieux. Exemplaire complet, contenant 43, 42 et 32 planches.

IV. SCIENCES OCCULTES.

190. Deus cum tua gratia sapientia et amor. Incipit ars brevis quæ est ymago artis generalis quæ sic intitulatur. — *Finiuit Raymundus* (Lullus) *hunc librum pisis in monasterio sancti Dominici in mense ianuarii in anno domini* Mcccvii (sic). Pet. in-8, demi-rel.

Édition imprimée en caractères gothiques, avec signatures *a-d*.

191. Discorso sopra tutti li parlari, che si fanno in Cielo dal grandissimo Iddio, da gli spiriti beati, e da santi; nel centro della terra dalle anime del Purgatorio, del Limbo et dell' Inferno; e nel Mondo dagli Huomini, da Demonj, dagli animali e da altre creature irragionevoli, scritto da F. Geronimo Giouannini. *Venetia*, 1622, in-8, cart.

Volume curieux, comme l'indique son titre. Dans le même volume est relié: Dillettevoli Orationi nella morte di diversi animali. *Venetia*, 1622.

192. Del Modo di conoscer et sanar i maleficiati : et dell' antichissimo uso del Benedire, opera di novo estratta da libri et autori approvati dal R. P. D. Floriano Canale. *Milano*, *Marelli*, 1663, in-16, demi-rel.

Ouvrage curieux et rare.

193. Trattato de' Sogni del R. P. Gio. Battista Segni. *Urbino*, 1591, in-4, demi-rel.

194. Artephii antiquissimi philosophi de arte occulta atque

Lapide philosophorum. *Amstelodami*, 1678. — Les Douze Clefs de philosophie, de frère Basile Valentin. *Amst.*, 1678. — Commentatio de Pharmaco catholico. *Amst.*, 1678, 3 p. rel. en 1 vol. in-12, demi-rel.

195. Voarchadumia contra Alchimiam : Ars distincta ab Archimia, et Sophia : cum additionibus : Numeris et figuris opportunis Joannis Augustini Panthei. *Venetiis*, 1530, in-4, fig. en bois, demi-rel.

Le titre est imprimé en jaune, vert et rouge, et l'encadrement est en noir. Volume curieux et rare.

196. I Secreti della signora Isabella Cortese, ne quali contengono cose minerali, medicinali, arteficiose et alchimiche. *Venetia, Cornetti*, 1584, in-8, n. rel.

197. Vaticinia sive prophetiæ abbatis Joachimi et Anselmi episcopi Marricani, cum imaginibus ære incisis. *Venetiis, apud Hier. Porrum*, 1589, pet. in-4, vél.

Dans le même volume : « Vaticinia seu prædictiones illustrium virorum sex rotis incisis comprehensa. *In Venetia, Bertoni*, 1605. »

198. Vaticinium Severi et Leonis imperatorum (latin et italien). *Brescia, Marchetti*, 1596, pet. in-8, fig. en t. d., cart.

199. Profetie dell' abbate Gioachino et di Anselmo vescovo di Marsico, con l'imagini in dissegno, con due Ruote et un Oracolo turchesco, etc. *Padova, Tozzi*, 1625, in-4, fig. cart.

V. ARTS.

Mnémonique, calligraphie.

200. Fœnix Dni Petri Rauennatis Memoriæ magistri. — *Bernardinus de Choris de Cremona impressor delectus impressit Venetiis, Die X ianuarii*, 1491, in-4, cart.

Opuscule rare. On y trouve des traits singuliers et incroyables de la prodigieuse mémoire de l'auteur. (*Brunet.*)

201. Dialogo di Lodovico Dolce nel quale si ragiona del modo di accrescere et conservar la memoria. *Venetia*, 1586, in-8, fig. sur bois, vél.

202. Libro di M. Giovambattista Palatino nel qual s'insegna a scriver ogni sorte di lettera. *In Roma, in Campo di fiore*, 1553. — La Operina di Ludovico Vicentino da imparare di scrivere littera cancellerescha. *In Roma*, 1522, rel. en 1 vol. pet. in-4, vél.

Bel exemplaire de deux ouvrages très-rares.

203. Il Primo Libro di scrivere di Jacomo Romano dove s'in-

segna la vera maniera delle cancellaresche corsive e di tutte quelle sorti di lettere che a un buon scrittore si appartengono di sapere. *Roma*, 1589, in-4 obl. n. rel.

Quatre-vingt-six planches gravées sur bois, entourées de bordures. Signatures *A-y*. Inconnu.

204. Theatrum artis scribendi, Judoco Hondio cælatore. *Amstelodami, Janssonius*, 1614, in-4 obl. n. rel.

Trente-deux planches gravées sur cuivre, entourées de bordures.

205. Dell' Idea dello scrivere di Giuseppe Segaro Genovese, intagliato per lo molto Rev. D. Epifanio dal Fiano Vallombrosano, priore dello Spirito Santo di Firenze. L'anno 1607, in-4 obl. n. rel.

Vingt-sept planches gravées sur cuivre, entourées de bordures.

206. Parnaso de' più eccelsi scrittori de' nostri tempi. Nel quale si scorgono le vere e facilissime Regole ritrovate di scrivere perfettamente bene e con prestezza. Dove con nuove e belle invenzioni d'Intagli di Rame, non più visti, spiegasi in Dugento Essemplari il perfetto modo di scrivere cancellaresco moderno. Libri quattro. Dati in luce da Marco Sadeler. *In Venetia*, *s. a.*, in-4 obl. n. rel.

Deux cents planches gravées sur cuivre et divisées en quatre livres, avec les titres. Ouvrage curieux et totalement inconnu.

207. Calligraphia nova, capitalium et reliquarum litterarum ultra XXX specimina scribendi in latina, germanica, gallica, italica et belgica lingua exhibens, per Gasparum Rutlingerum F. calligraphum et aritmeticum. *Tiguri*, 1605, in-4 obl. demi-rel.

Ce volume contient 31 et 25 planches en taille-douce, avec grandes initiales ornées de figures et d'animaux, très-curieuses. Il n'est pas mentionné parmi les nombreux livres de calligraphie cités par M. Brunet.

208. Arte del bene et leggiadramente scrivere, con la diversità de' caratteri et alfabeti usati da tutte le nationi del mondo, dal Conretto del Monte Regale. (*Venetia*, 1664), in-8 obl. vél.

Livre de calligraphie rare et non mentionné. Il y manque le titre, mais la préface de *Salustio Piobbici* est datée de Venise, 1664. On y trouve des alphabets des diverses langues anciennes et modernes, et, à la fin, un *sonetto figurato* en rébus.

209. L'Ecriture en sa perfection, représentée naïvement dans tous les caractères Financiers et Italiennes bastardes nouvellement à la mode. Le tout escrit et gravé par L. Senault. Dédié à Mons. Colbert. *Paris, Poilly*, *s. d.*, in-4 obl. n. rel.

Dix-huit planches gravées sur cuivre.

210. Calligraphie et arithmétique. In-4 obl. dos de vél.

Manuscrit du XVIIe siècle, sur papier, écrit par Rodomonte Giordi, de Bologne. Il est divisé en deux parties. La première, de 20 feuillets, contient des modèles d'écriture, avec de jolis encadrements dessinés à la plume. La seconde a 41 feuillets avec un titre : *Tutti gli huomini hanno bisogno d'imparare Abaco.* Les 13 premiers feuillets contiennent des avis pour autant de professions et arts libéraux sur la nécessité de connaître l'arithmétique. Les derniers 28 feuillets sont occupés par des problèmes d'arithmétique avec leurs solutions. Tous ces feuillets sont écrits et signés par Rodomonte Giordi, encadrés dans divers ornements par lui dessinés à la plume. Plusieurs portent la date de 1607. Dans quelques feuillets, au commencement, l'encre a percé le papier.

210 *bis*. Illustrissimo Principi Ruperto Comiti Palatino Rheni, etc. Hoc in arte scriptoria Tentamen imperfectum D. D. D. Tho. Weston. *S. d.*, in-4 obl. n. rel.

Trente-quatre planches gravées sur cuivre. Non cité par Lowndes, qui indique l'ouvrage suivant de Th. Weston : *Ancilla Calligraphiæ. Lond.*, 1682, in-8.

VI. BEAUX-ARTS.

1. *Peinture, gravure, recueils d'estampes.*

211. Di Alberto Durero della simmetria dei corpi humani libri quattro tradotti da M. Gio. Paolo Gallucci. Et accresciuti del quinto libro. Opera ai pittori e scoltori non solo utile ma necessaria. *Venetia*, 1591, in-fol. fig. en bois, vél.

212. Tutte le parti del corpo humano diuiso in più pezzi, inuentato, delineato et intagliato da Odoardo Fialetti Bolognese pittor. *S. d.*, in-4 obl. demi-rel.

Trente planches numérotées, plus deux au commencement pour le titre et l'atelier du peintre, et deux à la fin représentant deux tableaux avec l'intitulé : *Palma fece.*

213. Trattato dell' arte della pittura di Gio. Paolo Lomazzo. *Milano*, 1584, in-4, vél.

214. Ragionamenti di Giorgo Vasari sopra le invenzioni da lui dipinte nel palazzo di loro Altezze. *Arezzo, Bellotti*, 1762, in-4, demi-rel.

215. Dialogo della pittura di Ludovico Dolce, intitolato l'Aretino. M.D.L.VII, in-4, vél.

Manuscrit sur papier, du XVIe siècle et d'une belle écriture. On a ajouté au commencement du volume une lettre de Lod. Dolce à *M. Gasparo Balzin*, et à la fin une lettre *di Raffaele d'Urbino* au comte *Balt. Castiglione*, une de *Lodovico Carocci al molto mag^o Cugino*, avec la date *di Bologna, il di 25 luglio*, 1598, et cinq lettres de *Feriano Vecellio, all' imperatore Carlo quinto, al principe di Spagnia, all' illustre Sign, D. Gio. Benauides*, datée *di Venezia a X settembre* 1554; *al re d'Inghilterra* et *all' illustre Sign. Castaldo*. Ces lettres sont d'une écriture différente de celle du *Dialogo*.

216. Manuel des amateurs d'estampes, par J. C. L. M. *Paris*, 1821, in-12, demi-rel.

217. Johan. Posthii Tetrastica in Ovidii Metamorph. lib. XV, quibus accesserunt Vergilii Solis figuræ elegantissimæ. *Francofurti*, 1563, pet. in-4 obl. demi-rel.

Huit feuillets préliminaires contenant des poésies latines et allemandes de J. Posthius; 178 planches sur bois dans des cartouches, avec des quatrains en vers latins et allemands. A la fin 7 feuillets contenant l'index et des poésies latines.

218. Ecclesiæ militantis triumphi a Jo.-Bapt. de Cavalleriis. *Romæ*, 1585. — Ecclesiæ anglicane trophea per Jo.-Bap. de Cavalleriis. *Romæ*, 1584, 2 part. rel. en 1 vol. in-fol. fig. vélin.

M. Brunet donne au premier de ces ouvrages 32 planches, y compris le frontispice. Cet exemplaire en contient 4 de plus, non numérotées. A la fin du volume se trouvent 4 autres planches avec les titres suivants: Apprehensiones Catholicorum; — Nocturnæ per domos inquisitiones; — Tormenta in carceribus inflicta; — Judicia et condemnationes.

219. Microcosmos. Parvus Mundus. *S. d.*, in-4, v.

74 planches en taille-douce avec explications en vers latins.

220. Corona lucida in cœlo iam fulgens olim in terris conserta ex illustribus vita, doctrina, sanctitate monachis ord. S. Benedicti descripta et in æs incisa auctore R. P. F. Carolo Stengelio. (*Augustæ*, 1621), in-8, fig. en t.-d. vél.

M. Brunet, art. Steingelius, fait mention de deux autres ouvrages de cet auteur, dont les figures, dit-il, font tout le mérite. On peut en dire autant de celui-ci.

221. Triumphus Jesu Christi crucifixi, per R. P. Bart. Riccium a Castro Fidardo. *Antuerpiæ*, *Adr. Collaert figuras sculpsit*, 1608, in-8, fig. vél.

70 figures, par Adr. Collaert, imprimées au recto de chaque feuillet.

222. Calix inebrians ex suavissimo Christi passi botro eliquatus a Vincentio Avinatri. *Neapoli*, *Raillard*, 1694. — Epitome vitæ Vincentii Avinatri. *Neapoli*, 1695, 2 part. en 1 v. pet. in-8, fig. vél.

Les belles figures dont ce volume est orné sont gravées en taille-douce par André Magliar.

223. Franciscus eques de Honuphriis Opus duodecim SS. Apostolorum, exhibens Fidei symbolum a celeberrimo Martino de Vos. Antuerpiæ, ex primariis discipulis Jacobi Robusti Veneti cognomento Tintoretto inventum, etc. 1782, in-fol. obl. demi-rel.

Douze planches gravées par Aliprando Capriolo. Dans le même volume sont reliés : Imagines acierum ac preliorum Veteris Testamenti ab Ant. Tempesta picturæ artificio representatas, etc. *Romæ*, 1600, in-fol. obl. 24 planches.

224. VII Opera misericordiæ piis animis dicat Matthias Bolzetta de Cadorinis. *Patavii*, 1647, in-4 obl. fig. en t.-d. cart.

225. Collection de 54 planches, gravées en t.-d., de divers formats, réunies en 1 vol. in-fol. vél.

Ces gravures représentent divers sujets de la vie de Jésus-Christ, et, en grande partie, portent le nom d'Ant. Lafreri et les dates de 1566, 1567 et 1568. Bonnes épreuves.

226. XII Sibyllæ Ordine, Inscriptione et Forma elegantiori quam antehac unquam ex antiquiss. monumentis restitutæ. Pet. in-fol. demi-rel.

Seize planches gravées en taille-douce par Th. de Leu.

227. Thomas de Leu. Virtutes SS. Rosarii. Pet. in-fol. demi-rel.

Dix-huit planches gravées en taille-douce par Th. de Leu.

228. La Passion, mort et résurrection de Jésus-Christ. *Paris*, *chez Jean Leclerc*, pet. in-fol. demi-rel.

Dix-sept planches en taille-douce, dont quelques-unes portent le nom de Ja. de Waert, et d'autres celui de Th. de Leu.

229. Dei patris et filii et spiritus sancti imagines, cum iconibus novem angelorum. Pet. in-fol. demi-rel.

Quinze planches en taille-douce par Th. de Leu.

230. Beatæ, intactæ semperque virginis Mariæ.... vita iconibus delineata. Pet. in-fol. demi-rel.

Dix-sept planches gravées en taille-donce par Th. de Leu.

231. Thomas de Leu. Les Images des douze Apôtres. — Les quatre Évangélistes, gravés par Smolinck. — Les sept Dons, par J. Le Clerc. — Septem urbis ecclesiæ primariæ, par Le Clerc et Th. de Leu. Pet. in-fol. demi-rel.

232. Ecclesiæ militantis triumphi. — Les Triomphes de l'Église militante, où sont représentés, par figures, les glorieux combats des martyrs. *Paris, chez Jean Le Clerc*, pet. in-fol. demi-rel.

Trente planches, compris le frontispice, gravées en taille-douce. Il en manque deux, la première après le titre et la vingt et unième.

233. Le Clerc. Quatorze planches, gravées en t.-d. par Le Clerc, représentant les sept vices et les sept vertus. — VII Petitiones orationis dominicæ correspondentes ad VII sacramenta Christi nec non ad VII virtutes. — Sept planches en t.-d., sans nom de graveur. In-fol. demi-rel.

234. S. Antonius patavinus Ulisipone civitate Lusitaniæ oriun-

dus.... ad Pataviam progressus, illam signis atque miraculis illustravit. *Parisiis, Le Clerc*, pet. in-fol. demi-rel.

Quatorze planches en taille-douce.

235. D. Catharinæ senensis Virginis ss. ord. Prædicatorum Vita ac miracula selectiora formis æneis expressa. *Antuerpiæ, apud Philippum Gallæum*, 1603, in-4, fig. demi-rel.

Trente-deux gravures en taille-douce par le célèbre graveur Ph. Galle. Très-belles épreuves. M. Brunet, art. GALLÆUS Phil., fait mention d'autres ouvrages de ce graveur, mais non de celui-ci.

236. Les Misères et les malheurs de la guerre, représentés par Jacques Callot. *Paris*, 1633, in-fol. obl. v.

237. Les Mendiants, par J. Callot. In-4, demi-rel.

Collection de 38 planches.

238. Monialium institutio et habitus, auctore P. M. Vincentio Coronelli. — Ordines equestres. *S. d.*, 2 part. en 1 vol. in-fol. fig. cart. non rogné.

239. Degli Habiti antichi et moderni di diverse parti del mondo libri due fatti da Cesare Vecellio. *Venetia, Zenaro*, 1590, in-8, fig. dos de vél.

Première édition. Il manque le feuillet 144.

240. Habiti d'huomeni et donne venetiane con la processione della Ser. Signoria et altri particolari. *Venetia, Franco*, 1610. — La Città di Venetia con l'origine e governo di quella, estratta dal' opere di Gioan-Nicolò Doglioni. *Venetia*, 1614, in-fol. fig. vél.

La première partie a 25 planches et le frontispice. La seconde en a 16 et le frontispice. Toutes sont gravées par Giac. Franco.

241. Imagines et Elogia virorum illustrium et eruditorum ex antiquis lapidibus expressa cum annotationibus. *Romæ, Ant. Lafrerij formis*, 1570, in-fol. fig. sur cuivre, vél.

Première édition de ce recueil.

243. Illustrium fœminarum Icones quas Franciscæ de Rubeis Joannes Donatus Moronus profert dicatque. In-4, mar. r.

Le frontispice de ce volume a été recouvert avec une miniature qui renferme le titre ci-dessus, avec figures et blason. Il contient deux séries de figures en taille-douce, la première de 15 et la seconde de 20 portraits de femmes illustres, avec l'inscription : *M. de Vos invenit, Adrian Collaert, sculp., Ph. Galle excud.* A ces planches fait suite le titre : *Ordinum religiosorum conditores in æs incisi, studio Aub. Miræi. Antverpiæ*, 1608, lequel contient, après le titre, une dédicace et 11 planches.

244. Effigies, Nomina et Cognomina S. D. N. Alexandri papæ VII, et RR. DD. S. R. E. Cardinalium nunc viventium. *Romæ, De Rubeis*, 1658, in-fol. demi-rel.

Portraits gravés par Aub. Clouet, Ét. Picart et autres. Bonnes épreuves.

245. Francisci Tertii bergomatis pictoris aulici, Austriacæ gentis imagines. Gaspar ab Avibus (ou Ozello de Padoue), citadelensis incisor. *S. d.*, gr. in-fol. v.

Cinquante-huit gravures en taille-douce, divisées en 5 parties.
Gaspar ab Avibus, ou Ozello de Padoue, qui a gravé ces estampes, est nommé dans d'autres éditions : *Gaspar Patavinus*.

2. *Sculpture, architecture.*

246. Raccolta di alcuni opuscoli sopra varie materie di scultura e architettura di Filippo Baldinucci, con un ragionamento di Fr. Bocchi sull' eccellenza della statua di S. Giorgio fatta da Donatello. *Firenze,* 1765, in-4, n. rel.

247. Libro d'Antonio Labacco appartenente a l'architettura, nel qual si contengono alcune notabili antiquità di Roma. *In Venetia, presso Girolamo Porro*, 1574, in-fol. fig. cart.

248. Quinque columnarum exacta descriptio atque delineatio cum symmetrica earum distributione, conscripta per Joannem Bluom, et nunc primum publicata. Utilis est hic liber pictoribus, sculptoribus, fabris ærariis atque lignariis, lapicidis, statuariis, etc. *Tiguri, apud Christoph. Froschoverum*, 1550, in-fol. fig. sur bois, cart.

249. I quattro libri dell' Architettura di Andrea Palladio. *Venetia, Carampello*, 1581, in-fol. fig. dos de vél.

Très-bel exemplaire.

250. I dieci libri d'Architettura di Gio.-Antonio Rusconi secondo i precetti di Vitruvio. *Venetia, Nicolini*, 1660, in-fol. fig. demi-rel.

251. Cours d'architecture, qui comprend les ordres de Vignole, avec des commentaires, par C.-A. d'Aviler. *Paris*, 1738, gr. in-4, fig. v.

252. Novo Teatro di machine et edificii di Vittorio Zonca. *Padova, Bertelli*, 1621, in-fol. fig. vél.

253. De la Distribution des maisons de plaisance et de la décoration des édifices en général, par Jacques-Fr. Blondel. *Paris*, 1737, 2 vol. gr. in-4, fig. v.

Ouvrage rare et recherché.

254. Descrizione della cappella di S. Antonino, arcivescovo di Firenze, dedicata al medesimo santo dalla famiglia de' Salviati, nella chiesa di S. Marco di Firenze. *Firenze,* 1728, in-fol. fig. v.

Volume bien imprimé et orné de plusieurs grandes planches dessinées et gravées par F. Ruggieri, célèbre architecte.

255. Ricerche storico architettoniche sopra il singolarissimo tempio di san Giovanni in Firenze, del prof. Giuseppe del Rosso. *Firenze, Molini,* 1828, in-8, br. Avec une planche.

256. Lo Inganno de gl'occhi, Prospettiva pratica di Pietro Accolti. *Firenze, Cecconcelli,* 1625, in-fol. fig. demi-rel.

3. *Musique.*

257. Aristoxeni musici antiquiss. Harmonicorum elementorum lib. III. Cl. Ptolemaei Harmonicorum seu de Musica lib. III, etc. *Venetiis,* 1562, in-4, dos de vél.

258. La prima parte della Somma di tutte le scienze, nella quale si tratta delle sette arti liberali, di Aurelio Marinati. *Roma,* 1587, in-4, fig. en bois et musique, cart.

259. Practica musicæ Franchini Gafori. *Impressa Mediolani opera et impensa Joannis Petri de Lomatio per Gulielmum Signer,* 1496, in-fol. fig. vél.

Bel exemplaire, orné de figures sur bois, initiales fleuronnées et musique.

260. La Scuola della musica, opera di Carlo Gervasoni. *Piacenza,* 1800, 2 vol. in-8, dont un de musique, demi-rel.

261. Carteggio musicale di Carlo Gervasoni. *Parma, Mussi,* 1804, in-8, demi-rel.

262. Di Claudio Merulo da Correggio principe dei contrappuntisti e degli organisti del XVI secolo, Discorso biografico di Quirino Bigi. *Parma,* 1861, in-8, portr. br.

263. Le Haydine ovvero lettere su la vita e le opere di G. Haydn, di Giuseppe Carpani. *Milano,* 1812, in-8, portr. cart.

264. Le Haydine, ovvero lettere sulla vita e le opere di Haydn di Giuseppe Carpani. *Padova,* 1823, in-8, portr. demi-rel.

265. Le Rossiniane, ossia lettere musico-teatrali di Giuseppe Carpani. *Padova,* 1824, in-8, demi-rel.

266. Le Majeriane, ovvero lettere sul bello ideale di Gius. Carpani, in risposta al libro della imitazione pittorica del cav. Andrea Maier. *Padova,* 1824, in-8, portr. demi-rel.

267. Scuola corale del canto gregoriano composta dal P. Francesco Maria Vallara. *Modena,* 1707, in-4, non rel.

268. Chansons françaises mises en musique. In-8 obl. goth. cart.

Ce cahier fait partie d'un vol. de musique, imprimé dans le milieu du XVIe siècle. Il contient vingt-trois chansons françaises, mises en musique par *Adriano Claudin,* Joan Lirithier. Seize ff., signat. c et d.

269. Il Quarto Libro delli concerti a due,tre et quatro voci di Gio. Ghizzolo. Alto. *Venetia,* 1620, in-4, non rel.

270. Sacre lamentationi della Settimana Santa a voce sola, da Gio. Paolo Colonna. *Bologna,* 1689, in-4 obl., cart.

271. Psalterium, Cantica et Hymni, aliaque diuinis officiis ritu Ambrosiano psallendis communia modulationibus opportunis notata, Federici Card. Borromæi iussu edita. *Mediolani,* 1619, in-4, rouge et noir, plain-chant, vél.

272. Sei cantate, e dieciotto Ariette a voce sola, con accompagnamento di forte-piano, composte da Girol. Crescentini. *Bologna, s. d.* quinterni, 3 rel. en 1 vol. in-fol. obl. mar. r. tr. dor.

273. Lettera di Giambattista Mancini, maestro di canto dell' I. e R. Corte di Vienna, al sig. conte N. N. *Vienna,* 1796, in-8, cart.

274. Indice dell' Opere in musica sin'ora stampate in Bologna, e si fanno vendere dalli Eredi di G.-A. Silvani. *Bologna,* 1727, in-8, non rel.

275. Toccate d'intavolatura di cimbalo et organo, partite di diverse arie e corrente, balletti, ciaccone, passochagli di Girolamo Frescobaldi, Libro primo e secondo. *Roma, Borbone,* 1637, 2 vol. in-fol. demi-rel.

Dans le *libro secondo* manque le portrait de l'auteur, qui se trouve dans le *libro primo.*

276. Sugli Organi. Lettere di Giuseppe Sarassi. *Bergame,* 1816, in-8, cart.

VII. ARTS MÉCANIQUES ET MÉTIERS.

Pyrotechnie; Orfévrerie; Travaux à l'aiguille; Art culinaire.

277. Pirotechnia, li dieci libri composti per Vannuccio Biringuccio. *Vinegia, per Giouan Padovano,* 1550, in-4, fig. en bois, demi-rel.

278. Pirotechnia. Li diece libri della Pirotechnia, composti per il S. Vannuccio Biringuccio. *Vinegia, per Giouan Paduano,* 1550, in-4, fig. en bois, vél.

Belle édition et bel exemplaire.

279. Raccolta di vasi diversi di Stefano della Bella Fiorentino. *F. L'Anglois alias Ciartres excud.* In-4 obl. demi-rel.

Six jolies planches en taille-douce, auxquelles font suite, dans ce volume, diverses autres planches représentant des ornements en tous genres.

280. Novæ florum icones huius generis artium cultoribus perutiles, maxima cura delineatæ et tabulis æneis incisæ ex officina Nicol. Visscher. — Diversæ insectorum, volatilium icones ad vivum depictæ per pictorem D. L. Hœfnagel, typisque mandatæ a Nicolao Joannis Visscher. *Anno* 1630, in-4, obl. dem.-rel.

Le premier traité a 16 planches ainsi que le second. Ces planches sont utiles pour l'orfévrerie.

281. Ad vivum exprimebat Franciscus Curtus Bononiensis. Pet. in-fol. fig. en t. d. cart.

Après le titre sont 32 planches gravées en taille-douce représentant des fleurs au naturel.

282. Neues Reiss Buch an Tag gegeben und verlegt durch Joh. Ulrich Krauss. *In Augspurg, s. d.*, in-4, vél.

Recueil de 75 planches gravées en taille-douce.

283. Nevves Schildtbychlen gestochen und an tag geben durch Lucas Kilian burgeerr und Kupferstecher in Augspurg, 1610, in-4, obl.

Vingt-quatre planches en taille-douce représentant des modèles de cartouches.

284. Gemma pretiosa delle virtuose donne, doue si vedono bellissimi lavori di Pont' in Aria, Reticella, di Maglia, e Piombini disegnati da Isabetta Catanea Parasole. *Roma, Faciotti*, 1625, in-8, obl. fig. non rel.

Ouvrage contenant 34 planches, outre le titre et le dernier feuillet blanc, représentant des patrons de broderie. Inconnu aux bibliographes.

285. Ghirlanda di sei uaghi fiori scielti da più famosi giardini d'Italia raccolti da Pietro Paolo Tozzi. *In Padoua, sans date*, in-4, obl. fig. en t. d. demi-rel.

La date de la dédicace est : *di Padoua, il di 1 ottobre* 1604. Cet ouvrage est également inconnu. Il contient 42 planches numérotées, gravées en taille-douce. Elles ont toutes au milieu des modèles de calligraphie, encadrés dans des patrons de lingerie, de broderie et de tapisserie. Le titre porte : *Primo libro*. Manquent les planches 5-8.

286. Il novo libro da Banchetti nel qual s'insegna il modo di apparecchiar tavole, composto per M. Cristoforo da Messisbugo. *Venetia*, 1621, in-8, vél.

287. Il Trinciante di M. Vincenzo Cervio ampliato dal cav. Fusorito da Narni. *Venetia, Varisco*, 1593, in-4, fig. en bois, vél.

Relié avec le *Filarmindo, favola pastorale di Ridolfo Campeggi... Bologna*, 1605.

VIII. EXERCICES GYMNASTIQUES.

1. *Escrime et Danse.*

288. Di M. Camillo Agrippa Trattato di scienza d'arme. *Venetia, Pinargenti,* 1568, in-4, fig. vél.

Dans le même volume : Arte dell' armi di Achille Marozzo. *Venetia, Pinargenti,* 1568, in-4, fig.

289. Opera nova de Achille Marozzo de l'arte de l'armi. *Sans lieu ni date,* in-4, fig. en bois, vél.

290. Trois dialogues de l'exercice de sauter et voltiger en l'air, par le sieur Archange Tuccaro. *Paris,* 1599, in-4, fig. sur bois, vél.

291. Le Gratie d'amore di Cesare Negri milanese, detto il Trombone, professore di ballare. *Milano, Pontio,* 1602, in-fol. fig. et musique, vél.

Volume rare, orné du portrait de l'auteur et de 58 belles figures représentant des dames et des cavaliers en riches costumes du temps.

292. Il Ballarino di Fabritio Caroso da Sermoneta. *Venetia, Ziletti,* 1581, in-4, fig. et musique, mar. r.

Livre rare et curieux. Les figures, en taille-douce, sont gravées par Giac. Franco.

2. *Équitation et Chasse.*

293. Osservazioni fatte da Ruberto Davanzati del modo di erigere una Razza di Cavalli scelti, diviso in tre parti. In-fol. cart.

Manuscrit inédit sur papier, préparé pour l'impression. A la fin on lit : *Si stampi, li* 21 *ottobre* 1774, *J. Seratti.* Avec une planche représentant des écuries, et deux autres des chevaux artistement dessinés et peints à l'aquarelle.

294. Scielta di notabili avvertimenti, pertinenti a' cavalli, distinta in tre libri. *Venetia,* 1590, in-4, cart.

Manque la planche représentant un cheval.

295. Trattato dell' imbrigliare, maneggiare et ferrare cavalli, di M. Cesare Fiaschi. *Bologna, Giaccarelli,* 1556, in-4, fig. en bois, dos de vél.

296. Note storiche sulla seconda scuola veterinaria d'Italia e sopra Giuseppe Orus docente la medicina degli animali in Padova, di Pietro dal Prato. *Torino,* 1862, in-8, br.

297. Hoc volumine continentur Poetæ tres egregii nunc pri-

mum in lucem editi. *Venetiis, Aldus*, 1534, in-8, v. doré sur tr.

Volume rare de la collection aldine, contenant divers poëtes latins sur la chasse. Gratius, Nemesianus et Ovidii Halieuticon sont ici publiés pour la première fois. Le dernier cahier G y est en double.

298. Poemi italiani. Pet. in-fol. cart.

Manuscrit de la première moitié du xvie siècle. Il contient cinq poëmes en octaves, sans aucun intitulé. Le premier traite de la chasse et des chiens de chasse; le second, des diverses qualités de terres propres à faire des minières; le troisième, des pierres précieuses; le quatrième, des insectes; le dernier, des couleurs qu'on applique aux chevaux. Il finit par l'énumération de diverses races de chevaux et traite de leur éducation. L'auteur vivait à Rome sous Clément VII, comme il le dit dans l'avant-dernière octave, mais devait être de Como, ville qu'il nomme dans le poëme sur la chasse :

Nei monti che vicini al nostro lago
Di Como son si fa tal caccia noua.

Ce manuscrit sort de la casa Giovio di Como, et l'écriture a une grande ressemblance avec celle du fameux Paolo Giovio.

299. Della Caccia, poema del signor Erasmo di Valvasone. *Bergamo*, 1591, in-8, fig. en bois, vél.

Bel exemplaire de la première édition.

300. Lo Strucciero di Bernardino Gallegaris, dove si discorre del modo di conoscere, allevare e ridurre gli uccelli rapaci all' uso della caccia, libre tre. *Venetia*, 1646, in-8, demi-rel.

301. Delle Caccie di Eugenio Raimondi libri quattro. *S. d.*, in-4, fig. en t. d., vél.

L'épître dédicatoire est datée de Venise, 1630. Les trois derniers feuillets de la table sont manuscrits.

302. La Caccia di Giacomo Foglioso, tradotta di lingua francese da Cesare Parona. *Milano*, 1615, in-8, fig. en bois, demi-rel.

303. La Venaria Reale Palazzo di piacere e di caccia ideato da Carlo Emanuele II, Duca di Savoia, disegnato e descritto dal conte Amedeo di Castellamonte, l'anno 1672. *Torino*, 1674, pet. in-fol. fig. v.

Ouvrage recherché à cause des estampes, gravées en partie d'après les tableaux de Miel. Cet exemplaire est complet avec 64 planches. Rare.

304. Traitté de toute sorte de chasse et de pêche, contenant la manière de faire, raccommoder et teindre toute sorte de filets, etc. *Amsterdam, Estienne Roger*, 1714, 2 vol. in-12, 90 fig., v.

305. Uccelliera overo discorso della natura e proprietà di di-

versi uccelli, opera di Gio. Pietro Olina. *Roma*, 1684, gr. in-4, fig. vél.

Les figures en taille-douce sont gravées par Tempesta et Villamena. Bel exemplaire.

IX. JEUX.

306. Discorso sopra il giuoco del Calcio Fiorentino del Puro Accademico Alterato (Giovanni de' Bardi). *Firenze, Giunti*; 1580, in-4, planche, n. rel.

307. Discorso sopra il giuoco del Calcio Fiorentino del Puro Accdemico Alterato. *Firenze*, 1615, in-4, fig. cart.

308. Memorie del Calcio Fiorentino tratte da diverse scritture. *Firenze, s. d.*, in-4, fig. cart.

309. Due canzoni politiche di Bruscaccio da Rouezzano. — Descrizione del giuoco del Calcio di Anonimo. *Firenze*, 1863, in-8, br.

BELLES-LETTRES.

I. LINGUISTIQUE. — RHÉTORIQUE.

310. Pescennii Francisci Nigri veneti doctoris Methodica sinthaxis. — P. Francisci Nigri Methodica sinthaxis finit. — Invectiva Francisci Nigri de verbo impersonali. — P. Francisci Nigri Syllabæ quantitas, cæsura, dimensio. *Sans date* (XVe siècle), in-8, demi-rel.

Fr. Niger est auteur d'une grammaire imprimée à Venise en 1480, et citée par M. Brunet.

311. Cæsari Borgiæ protonotario sedis apostolicæ Paulus Pompilius salutem. — Finis Syllabicorum Pompilii. *Romæ, Euch. Silber*, 1488, in-4, cart.

Ce volume est composé de 78 feuillets, dont le premier est blanc.

312. M. Tul. Ciceronis in M. Antonium orationes que..... Philippice nuncupantur. — *Cura et sollicitudine Johannis Manthen de Gherretshem Venetiis impresse...* M. CCCC. LXXIIII (1474), in-fol., rel. en bois.

Édition rare. Exemplaire grand de marges, avec témoins.

313. Ludovici Imolensis in funere Reuerendissimi domini Petri Ferrici tituli sancti Sixti presbiteri cardinalis et episcopi Tirasonensis oratio. *S. l. n. d.*, in-4, 8 ff. n. rel.

M. Brunet, à l'article *Nicolaus episcopus Modrusiensis*, décrit une autre Oraison sur la mort de ce cardinal, qu'il dit être arrivée le 5 janvier 1474. Mais, dans cet opuscule, après le sermon de *Ludovicus Imolensis*, on lit une relation de la mort du même cardinal, écrite par Paul de Crottis, de Crémone, secrétaire du cardinal, où il dit : *Die ueneris* xxv. *septembris circa horam tertiam decimam Rome in palatio apostolico apud sanctum Petrum obiit... Anno Christiano millesimo quadringentesimo septuagesimo octauo.*

314. Friderici Spanhemii Laudatio funebris Fred. Henrici. *Lugd. Bat.*, *Elzevir*, 1647, in-12, v.

II. POÉSIE.

1. *Poëtes grecs et latins.*

315. Antonii Eparchi in eversionem Græciæ Deploratio; ejusdem epistolæ quædam spectantes ad concordiam Reipub. christianæ, græce. *Venetiis*, 1544, pet. in-4, n. rel.

Opuscule rare. Il paraît être d'impression manutienne. (*Brunet*, *Man. du libr.*)

316. Nicolai Perotti Jacobo Schioppo Veronensi Liber de metris et epistola de generibus metrorum, quibus Horatius Flaccus et Severinus Boetius usi sunt. — Laus Deo. MCCCCLXXI, in-4, cuir de R.

Opuscule fort rare, imprimé avec les mêmes caractères que l'Ovide de Bologne, portant la même date, et par conséquent un des premiers essais des presses d'Azzoguidi. Bel exemplaire. Le docteur Dibdin, dans la *Bibliotheca Spenceriana*, le qualifie : *Editio princeps and questionless one of the rarest books in the world.* Vendu 15 livres 15 sch. Heber.

317. Opera Vergiliana docte et familiariter exposita, ex politissimis figuris et imaginibus illustrata. *Lugduni*, *Sachon*, 1517, 2 vol. in-fol., fig. en bois, dos de mar.

Édition ornée d'un grand nombre de figures sur bois. A la fin des Catalectes on lit la date : *Impressa sunt hæc omnia Lugduni ab Jacobo Sachon* M. DXVII *die vigesima mensis Augusti.* Et à la fin de l'Énéide : *Quæ omnia rursus coimpressa sunt in ædibus Jacobi Sachon.* L'exemplaire est d'une bonne conservation, à l'exception des deux premiers feuillets, qui sont raccommodés dans la marge, et ont besoin d'être restaurés.

318. P. Virgilius Maro, corrigente Paulo Manutio. *Venetiis*, *Aldus*, 1555, in-8, demi-rel.

Il est bien rare de trouver un Virgile des Alde aussi grand de marges et d'une aussi belle conservation que celui-ci.

319. Il sesto libro del Eneide di Vergilio tradotto in lingua toscana a Mad. Frasia Venturi. In-4, vél.

Traduction de *Alessandro Piccolomini*, laquelle a été imprimée avec les 5 premiers livres traduits par d'autres à Venise, 1540 et 1544, in-8. C'est le manuscrit original du traducteur. Un coin de la marge est un peu avarié, mais l'écriture n'a nullement souffert.

320. Q. Horatii Flacci poemata a Jo. Bond illustrata. *Amstelodami, Elzevirius*, 1676, in-12, v. tr. dorée.

321. P. Ovidii Nasonis Metamorphoseos libri moralizati cum pulcherrimis fabularum principalium figuris. *Venundantur Lugduni, ab Stephano Gueynard. — Impressum fuit hoc opus Lugd. per Claudium Dauost als de Troys. Impensis Stephani Gueynard. Anno domini* 1518, in-4, goth. fig. en bois, mar. r.

Avec figures et initiales fleuronnées. Une piqûre dans les feuillets de la table.

322. Incomincia il primo libro Methamorphoseos de Ouidio in prosa uulgare tradutto con le allegorie. *Sans date*, in-fol., fig. en bois, cart.

Édition imprimée à deux colonnes, et différente de celles notées par M. Brunet. Elle a CIX feuillets chiffrés, avec des signatures de A-O. Les fig. en bois sont aussi différentes, puisqu'on n'y trouve pas les lettres *i a*, monogramme du graveur de celles de l'édition de 1497. Il y manque trois feuillets, les 102, 103 et 105, et il y a des taches à la marge du bas.

323. La Vita et Metamorfoseo d'Ovidio, figurato et abbreviato in forma d'Epigrammi da M. Gabr. Symeoni. Con altre stanze : il ritratto della Fontana d'Overnia, etc. *Lione, J. di Tornes*, 1584, in-8, fig. en bois, vél.

Exemplaire bien conservé.

324. La Vita et Metamorfoseo d'Ovidio, figurato et abbreviato n forma d'epigrammi da M. Gabriello Symeoni, etc. *Lione, J. di Tornes*, 1584, in-8, fig. en bois, demi-rel.

325. Juvenalis Satyrographi Opus interprete Jo. Britannico. Cum figuris apte appositis. *Venetiis, de Rusconibus*, 1523, in-fol., fig. en bois, demi-rel.

326. C. Valerii Flacci Argonauticon libri octo, cum commentariis Ægidii Maserii parisiensis. *Parisiis, Jo. Petit, in chalcographia Jod. Badii Ascensii*, 1519, in-fol., fig. sur bois, vél.

2. *Poëtes latins modernes.*

327. Angeli Politiani Sylua cui titulus Ambra, in poetæ Homeri enarratione pronuntiata. *Sans date*, in-4, cart.

Quatorze feuillets sans chiffres, réclames, ni signatures. Au verso du premier feuillet est une lettre de Politien, datée : *Florentiæ, Pridie Nonas novembres*, 1485.

328. Angeli Politiani prelectio in Priora Aristotelis Analytica. Titulus Lamia. — *Impressit Florentiæ Antonius Miscominus*, 1492, in-4, cart.

329. Epigrammaton Michaelis Marulli Constantinopolitani. *Sans date*, in-4, demi-rel.

C'est l'édition des deux premiers livres, in-4 de 28 feuillets, caractères romains, sans lieu d'impression ni date, mentionnée par M. Brunet.

330. Hymni et epigrammata Marcelli. *Impressit Florentiæ societas Colubris*, 1497, in-4, demi-rel.

Belle édition, contenant 96 feuillets chiffrés, suivant la description de Brunet. L'exemplaire est très-beau et grand de marges.

331. Ant. Mancinelli Carmen de floribus, Carmen de Figuris, De poetica virtute, Vitæ Carmen. *Venetiis*, 1493, in-4, vél.

332. Stultifera navis Narragonice profectionis, per Seb. Grant (Brant). *Impressum* (*Lugduni*),*per Jacobum de Zaconi*, 1488, in-4, fig. en bois, dos de vél.

Édition imprimée à Lyon en 1498. V. le *Man. du libr.*

333. Centum fabulæ ex antiquis auctoribus delectæ et a Gab. Faerno Carminibus explicatæ. *Brixiæ, Marchettus*, 1591, in-16, fig. sur bois, vél.

3. *Poëtes macaroniques.*

334. Macaroneana Andra, overum Nouveaux mélanges de littérature macaronique, par Octave Delepierre. *Londres, Trübner*, 1862, in-8, dos de mar.

Belle édition, tirée à 250 exemplaires seulement.

335. Notizie biografiche e bibliografiche di tre poeti Maccheronici del sec. XV raccolte de P. A. Tosi. *Milano*, 1846, in-8.

Tiré à petit nombre.

336. Opera molto piacevole del No. M. Gio. Georgio Arione (Alione) Astesano. *In Venetia*, 1560, in-8, v.

« Cette édition, qui parait être une réimpression de la première « (celle d'Asti 1521), mais avec des corrections dans le texte et sans les « pièces françaises, ne nous est connue que par la mention détaillée « qu'en a faite le Quadrio.» Brunet, vol. I, col. 184.)

De cette note il résulte que cette édition n'est pas encore bien connue, car elle reproduit le texte de la première édition d'Asti, 1521, sans aucune correction, et contient aussi trois des pièces françaises. Aucun exemplaire de cette édition n'a encore, que nous sachions, paru dans aucune vente. Un exemplaire de celle de 1521, qui est très-rare, mais dont on connaît au moins sept exemplaires, a été vendu 1750 fr. Libri.

337. Opere piacevole di Georgio Alione Astegiano. *In Asti, et ristampata in Torino, per Steffano Manzolino*, 1628, in-8, v.

Cette édition est aussi fort rare. Vendu 5 livres 9 sch. Libri.

338. Maccheroneæ di cinque poeti italiani del sec. XV. Tifi Odassi, Anonimo Padovano, Bassano Mantouano, G. G. Alione, Fossa Cremonese, con Appendice di due sonetti in dialetto bergamasco. *Milano, Doelli*, 1864, in-8, br.

Exemplaire sur très-grand papier, tiré à petit nombre.

339. Opus Merlini Cocaii Macaronicorum in pristinam formam per me Aquarium Lodolam redactum. *Tusculani, Alex. Paganinus*, 1521, in-12, fig. en bois, v.

Exemplaire complet, avec le cahier MM de huit feuillets à la fin. Les notes marginales n'ont pas été atteintes par le couteau du relieur.

340. Opus Merlini Cocaii Macaronicorum. *Amstelodami (Neapoli)*, 1692, in-8, fig. en t. d. v.

345. Maccheronee dieci di Merlin Coccaio tradotte da Jacopo Landoni. *Milano*, 1819, in-8, br.

346. Chaos del Tri per uno (da Teofilo Folengo). *Vinegia, Giov. Ant. et Fratelli da Sabio*, 1527, pet. in-8, fig. en bois, demi-rel.

Edition rare et la plus recherchée de ce poëme, où se trouvent plusieurs morceaux en vers macaroniques.

347. Cittadinus maccaronice metrificatus overum de piaceuoli conuersantis costumantia sermones breviuscoli trentaquinque. Auctore Parthenio Zanclaio Siciliano. *Messanæ*, 1647, in-8, cart.

Volume rare, mais incomplet à la fin. Il arrive à la page 98.

348. Canzon, Sonagiti e smerdagale de Meno Beguoso, co arquante besenelle li de cao fate da la Giacenta Garbuosa, slibrazuolo segondo. *Spegazzó in lo Vegnosio*, 1701, in-8, cart. n. rog.

Ce volume contient des poésies en patois padouan et en latin macaronique. A la vente Nodier se trouvait le premier volume, et l'on paraissait ignorer qu'il existât un second livre. M. Delepierre, dans son Macaroneana, *Paris*, 1852, page 122, parle de ce second volume, et il dit que le seul exemplaire connu appartient à la collection de M. Van de Weyer, à Londres.

4. *Poëtes français et espagnols.*

349. Poésies françaises. In-fol. non rel.

Manuscrit du xve siècle, sur vélin, caractères gothiques, rouges et noirs. Fragment d'un volume, lequel serait d'un grand prix s'il était complet.

Malheureusement nous n'avons que 6 feuillets, contenant les pièces suivantes : *Balade de moralité, sote balade, Lenvoy, Amoureuse a ii uisaiges, Rondel, Chancon royal*, etc.

Voici le commencement de la *Balade morale* :

« Ou hault somet de la haulte montaigne
Ne fait pas bon maison edifier,
Que li grans vens ne la gaste et souspraigne,
Ne ou bas lieu ne la doit on pas lier,
Car par eaues pourroit amolier
Le fondement et perir le merrien.
Nulz ne se doit ne haut ne bas fier,
Benoit de Dieu est qui tient le moien. »

350. La Pucelle, ou la France délivrée, poëme héroïque, par M. Chapelain. *Suivant la copie imprimée à Paris* (*Holl.*), 1656, in-12, fig.

Édition qui se joint à la collection des Elzeviers. Exemplaire grand de marges, 131 millim.

351. Rome (par Saint-Amand), Paris (par Cl. Le Petit), et Madrid ridicules, avec des remarques historiques et un recueil de poésies choisies, par M. de B*** (Blainville). *Paris, Pierre le Grand*, 1713, pet. in-8, vél.

352. La divina Semana o siete dias de la creacion del mundo en otava rima, por Joan Dessi presbitero y beneficiado en la santa Iglesia mayor de la ciudad de Tortosa. *En Barcelona, Seb. Matheuad*, 1610, in-8, vél.

Poëme rare.

5. *Poëtes italiens.*

A. Poésies de divers genres.

353. Triumphi, Sonetti e Canzoni di Francesco Petrarca, col comento di B. Ilicino e del Filelfo. *Venetia, per Piero Veroneso*, 1490, in-fol., fig. sur bois, demi-rel.

« Édition corrigée par Jérôme Cantone et recherchée à cause de son texte, dont quelques leçons ont reçu l'approbation de plusieurs littérateurs. » (*Man. du libr.*)

354. Librorum Francisci Petrarcæ Basileæ impressorum Annotatio. *Basileæ, per Joh. de Amerbach*, 1496, in-fol., rel. en bois.

Bel exemplaire, bien complet, avec la table de 21 feuillets à la fin du volume. Les initiales sont en couleur.

355. Incomincia il libro de regni.... per lo reverendiss. maestro Federigo Vescovo di Fuligno. Pet. in-fol., rel. en bois.

Manuscrit du XVe siècle sur pap. Il contient le poëme Quatriregio de

Frezzi, auquel font suite diverses poésies italiennes d'un auteur qui se nomme plus d'une fois *Jacomo*. Plusieurs chapitres sont adressés au Card. de Sienne; un au Pape Paul II, *il quale lo tiene prigione in uno scurissimo luoco*. Ces poésies de *Jaçomo* sont inédites.

356. In questo volume si contengono septe giornate della geographia di Francesco Berlingeri Fiorentino allo illustrissimo Federigo duca durbino. (*Firenze, Nic. Todesco*), *sans date* (vers 1480), in-fol.

Comme il y a deux sortes d'exemplaires de ce volume très-rare, nous allons donner la description de celui-ci. Le titre ci-dessus est au verso du premier feuillet, blanc au recto. Le feuillet suivant, sans signature, contient au recto une table, et au verso commence le texte, imprimé à deux colonnes. Au troisième feuillet commencent les signatures *aa. ii.* Ce cahier contient 10 feuillets. Puis *bb* de 8, *cc* de 8, *dd* de 7 et un blanc. Viennent après 8 cartes géographiques et un feuillet blanc. Suivent les signatures *ee* de 6, *ff* de 8, *gg* de 8, *hh* de 9; et 6 cartes géographiques. Puis recommencent les signatures *a* de 6, *b* de 9, et un f. blanc, et 4 cartes géographiques. Le feuillet qui vient après doit être le dixième du cahier *b*, *c*, de 8, *d*, de 12, et 5 cartes géographiques, dont une double et deux simples, *e* de 11, et 7 cartes géographiques, *f* de 9, et 3 cartes géographiques, ce qui donne en totalité 121 feuillets imprimés, 3 blancs et 31 cartes géographiques.

Suivant M. Brunet, le volume devrait avoir 123 feuillets et 31 cartes. Mais l'exemplaire décrit par lui est de ceux qui portent la rubrique de *Firenze per Nicolo Todesco*; le nôtre, qui est évidemment du tirage primitif, est sans aucune indication. Il faut observer que dans les exemplaires de ce tirage le papier est très-fort, celui des cartes notamment est épais comme du carton, tandis que les exemplaires qui portent un nom de lieu sont imprimés sur du papier beaucoup plus mince.

Dans le cahier *a* de 6 feuillets, le cinquième est resté blanc dans l'impression.

On fixe généralement la date de ce livre à l'année 1480; cependant comme Nicol. Todesco imprimait à Florence dès 1478, il serait possible qu'il eût été publié antérieurement, c'est-à-dire à peu près en même temps que le Ptolémée de Rome 1478, que l'on considère comme le plus ancien livre contenant des cartes géographiques gravées sur métal. Voir à ce sujet une note curieuse du catalogue Libri, 1865 (n° 67), dans laquelle il est dit que les cartes du Berlinghieri l'emportent sur celles du Ptolémée, dont les légendes sont mieux gravées, mais qui offrent de très-grandes différences sous le rapport géographique.

357. Poesie di Jeronimo Savonarola coll' aggiunta del suo trattato circa il reggimento della citta di Firenze, e la Bibliografia, per cura di Audin de Rians. *Firenze, Baracchi*, 1847, in-8, br.

Tiré à petit nombre.

358. Poesie di fra Girolamo Savonarola tratte dall' autografo. *Firenze, Cecchi*, 1862, in-8, br.

Cet exemplaire porte le n° 127 sur 250 numérotés qu'on a tirés de cette édition, dans laquelle se trouve le fac-simile de l'écriture de Savonarola.

359. Opera moralissima de diuersi auttori..... divisa in sonetti : Capitoli : Strambotte : Egloghe : Comedie : Barzellette : et una Confessione d'amor. — *Stampata in Venetia, per Nicolo Zopino,* 1524, in-8, dos de mar.

Très-rare. Sur le titre est une belle gravure sur bois par Zanandrea (Valvassone).

360. Bartholomeo da li Sonetti (Zamberti) Isolario. *S. d.*, in-4, cuir de R., dent. à froid, doré sur tr.

Première édition d'un livre fort rare. Exemplaire complet et d'une beauté irréprochable.

361. Orlando furioso di M. Ludovico Ariosto, nuouamente adornato di figure in rame di Girolamo Porro. *Venetia, Francesco de' Franceschi,* 1584, in-4, vél. doré sur tr.

Très-bel exemplaire, avec la planche originale du 34e chant collée sur la doublure du 33e. Les exemplaires où elle se trouve sont fort rares. La reliure de ce volume est très-belle et a sur l'un des plats un beau portrait de l'Arioste, et sur l'autre un dessin représentant Roland détruisant dans sa folie une forêt. Ces dessins sont artistement faits à l'aquarelle. La tranche est peinte sous la dorure et représente un paysage. Le volume est dans un étui en maroquin rouge.

362. Orlando furioso de M. Ludovico Ariosto, traduzido en romance castellano por el S. Don Hieronimo de Vrrea. *En Leon, por Mathias Bonhomme,* 1556, in-4, fig. en bois, v.

A la fin du volume se trouve : Exposicion de todos los lugares difficultosos, con una breve demonstracion, por el S. Ludouico Dolce..... traduzidas por el S. Alonso de Vlloa. *En Leon, Bonhomme,* 1556.

363. Canzone del Trissino al santissimo Clemente VII. — La Sophonisba. — Epistola del Trissino dela vita che dee tenere una donna vedova. — I ritratti del Trissino. — Epistola delle lettere nuovamente aggiunte. — Oratione al sereniss. Principe di Venetia. In-4, mar. r. dent. tr. dorée et gaufr.

Manuscrit du XVIe siècle sur papier, copié sur l'édition de Rome, 1524, d'une belle écriture en rouge et noir. La reliure est ancienne et porte un emblème sur les deux plats avec le titre en or : *La Sopho. dil Trissino,* et le nom, FR. CO.

364. Raccolta di tutte le rime cantate, et rappresentate da le contrade Sanesi, auanti a li signori Giudici de la nobiliss. Aquila. Aggionteui le Stanze in lode della Fanciulletta corridrice sopra il Barbero de la contrada del Drago. *Siena, alla Loggia del Papa,* 1581, in-8, 12 ff., n. rel.

Opuscule rare.

365. Rime ai serenissimi Vincentio Gonzaga e Leonora de' Medici sopra la edificazione di Mantova et l'antichissima familia de' Principi Gonzaghi. Et l'origine di Milano, etc. *Milano, Meda,* 1588, in-8, cart.

366. Compendio della cefalogia fisonomica, nella quale si contiene cento sonetti di diuersi eccellenti poeti sopra cento teste humane di Cornelio Girardelli. *Bologna*, 1673, in-8, fig. en bois, cart.

Volume curieux, contenant cent têtes d'hommes et femmes dont les physionomies sont expliquées par des sonnets.

367. Il Libro del Perchè, la Pastorella del Marino, la Novella dell' Angelo Gabriello,etc. *Nullibi et ubique, nel* XVIII *secolo*, in-12, mar. r. dent. doré sur tr.

368. Fiesole distrutta di Gio. Domenico Peri. *Firenze, Pignoni*, 1621, in-4, cart.

Le frontispice et le portrait de l'auteur sont gravés par Callot. Bel exemplaire.

369. Raccolta di composizioni inedite fatte in Roma dopo la morte di Benedetto XIV Prospero Lambertini, in occasione del Conclave per la nuova elezione del Pontefice, l'anno 1758. In-4, cart.

Manuscrit sur papier, de l'époque, contenant une collection de poésies satiriques et facétieuses sur les cardinaux et les personnages les plus influents d'alors.

B. Poésies en dialectes vénitien, napolitain, sicilien.

370. La prima (seconda e terza) parte de le rime di Magagno, Menon, e Begotto in lingua rustica Padovana, col primo canto di M. Lodovico Ariosto. *Venetia, Donato*, 1584, 3 part. en 1 vol. in-8, vél.

371. Il Ligamatti, cioè Raccolte morali in lingua venetiana estese in Quaderni, di Don Domenico Balbi. *Venetia*, 1675, in-12, cart.

372. Joannis Bressani Tumuli, tum latina, tum etrusca, tum bergomea lingua compositi. *Brixiæ, Turlini*. 1574, in-8, cart.

373. Il Malinconico imbizzarito in due Capitoli, di Gnesio Basapopi. *Venetia*, 1660, in-12, cart. n. rogné.

Poésies en dialecte vénitien.

374. Mortella d' Orzolone, poemma arrojeco. *A Nuapole*, lo 1748, in-8 cart.

Poésies en dialecte napolitain.

375. Lu Calaxiuni di Apollu sonoru pri tri ciancianedi, in terza rima siciliana di Deciu Belga, e li Ledi. *In Palermu, s. d.*, in-8, br.

376. Canzuni siciliani di don Simuni Rau cu d. Fran. Cannedda Giuseppi Alaimu e di diversi. In-4, vél.

Manuscrit sur papier, du xviie siècle, d'une belle écriture. A la fin du volume se trouvent des poésies siciliennes, avec la traduction en vers latins à côté.

III. POÉSIE DRAMATIQUE.

Poëtes dramatiques latins et italiens.

377. Terentius comico carmine. Terentii lepidissimæ comœdiæ cum Ælii Donati interpretatione, a Sebastiano Brandt. *Impressum in nobili Helveciorum urbe Argentina per Joannem Gruninger*, 1503, XV *Kalendas Aprilis*, in-fol., fig. sur bois, vél.

Ce volume renferme des figures sur bois très-singulières et qui ont été reproduites en partie dans la *Biblioth. Spencer.*

378. Commentum Guidonis Juvenalis natione cenomani in Terentium expositio clarissima.... Parisiis accuratissime emendatum. A la fin : *Opus emendatissimum Terencii comici famosissimi una cum commento Guidonis Juuenalis per viros... castigatum fuit. Anno salutis.* MCCCCC (1500), in-4, vél.

Cette édition est ornée d'un grand nombre de belles initiales majuscules fleuronnées. L'exemplaire a quelques piqûres et des notes manuscrites. Ce livre, imprimé à Paris en 1500, doit être très-rare.

379. Comedia intitolata Sine nomine. *Fiorenza*, 1574, in-8, demi-rel.

380. La Flora, comedia del sig. Luigi Alamanni. *Firenze, Sermartelli*, 1601, in-8, demi-rel.

381. La Sporta, commedia di Giovambattista Gelli. *Firenze, Giunti*, 1593, in-8, vél.

382. L'Hortensio, comedia de gl' Accademici intronati. *Siena, Bonetti*, 1571, in-8, n. rel.

L'auteur est Alessandro Piccolomini. Plusieurs interlocuteurs parlent le napolitain et même le castillan.

383. La Fanciulla, comedia, del S. Cav. Gio. B. Marzi. *Bologna* (1570). — Il Fedele, comedia di M. Luigi Pasqualigo. *Venezia*, 1579. — L'Eunia, ragionamenti pastorali di Bernardino Pino. *Venetia*, 1582. — Tradimento amoroso, comedia nova di Biagio Marchi. *Padova*, 1604, 4 pièces rel. en 1 vol. in-8, v. doré sur tr.

La dernière comédie est presque toute écrite dans les dialectes vénitien, padouan, bergamasque, etc.

384. Il Commissario, comedia rurale del Cav. Paolo Rossi da Terni. *Fermo*, 1596, in-8, demi-rel.

385. Aminta, favola boscareccia di Torquato Tasso. *Amsterdam, Elzevier*, 1678, in-32, fig. de Seb. Le Clerc, mar. bl. dent. tr. dor.

Très-bel exemplaire.

386. Il Pastor fido, tragicomedia pastorale di B. Guarini. *Amsterdano, Elzevier*, 1640, in-24, lettres italiques, fig. v.

387. Filli di Sciro, favola pastorale del conte Guidubaldo Bonarelli. *Amsterdam, Elzevier*, 1678, in-24, fig. de Seb. Le Clerc, v.

388. Mestola, comedia del sig. Cornelio Lanci. *Fiorenza, Marescotti*, 1583, in-12, cart.

389. L'Angelica, comedia de Fabritio de Fornaris Napolitano detto il Capitano Cocodrillo, comico confidente. *Venetia*, 1607, in-12, vél.

Dans le même volume est relié : l'Amoroso Sdegno, favola pastorale di Fr. Bracciolini. *Venezia*, 1623.

IV. ROMANS ET CONTES.

390. Di Senofonte Efesio degli Amori di Abrocome e d' Anzia tradotti dal greco da Antonmaria Salvini. *Londra*, 1757, in-12, br. en cart.

A la fin sont deux *Cicalate*, dont une de Tommaso Crudeli.

391. Opera intitulata Laquila volante, composta per misere Leonardo Aretino. *Milano, Jo. de Castelliono*, 1508, in-4, cart.

Ouvrage curieux et rare, quoiqu'il ait été imprimé plusieurs fois. C'est un roman historique entremêlé de prose et de vers, tiré en partie du *Tesoro* de Brunetto Latini, et du livre intitulé : *Fiore o Fiorità d'Italia*. Dans la souscription on lit que cet ouvrage a été composé : *A laude et gloria de quella felice memoria de Julio Cesaro*. Et les commentaires de J. César ont été mis à contribution dans ce livre. Le verso du 8ᵉ feuillet est occupé par une gravure sur bois, représentant l'auteur qui travaille à son ouvrage.

392. Hypnerotomachia Poliphili, ubi humana omnia non nisi somnium esse docet (a Fr. Columna). *Venetiis, Aldus*, 1499, in-fol., fig. v. dent. avec fermoirs.

Bel exemplaire bien complet de la première édition de ce livre célèbre.

393. Hypnerotomachya Poliphili. *Venetiis, Aldus*, 1499, in-fol., fig. en bois, vél.

394. Istoria del Decamerone di Giovanni Boccaccio, scritta da Domenico Maria Manni. *Firenze*, 1742, in-4, vél.

395. Boccaccio. Il Decamerone. In-fol., non rel.

Manuscrit du XVIᵉ siècle, sur vélin, contenant un fragment du Décaméron, commençant à la *Giornata sesta*. Les pages sont réglées et l'écriture en est belle et très-soignée. On a laissé en blanc les initiales, qu'on se proposait probablement de faire en miniature.

396. Novelle di Ortensio Lando. *Lucca*, 1851, in-8, br.

Exemplaire n° 38, sur 70 qu'on a tirés de cette édition.

397. La moral filosophia del Doni. *Vinegia, Marcolini*, 1552, in-4, fig. en bois, vél.

Recueil composé de fables, nouvelles, tirées des anciens fabulistes.

398. Ragionamenti varii di Lorenzo Capelloni sopra essempii, con accidenti misti, etc. *Genova, Bellone*, 1581, pet. in-4, demi-rel.

Ce volume fait partie de la collection des *Novellieri italiani*.

399. Trattenimenti di Scipion Bargagli dove da vaghe donne e da giovani huomini rappresentati sono dilettevoli guiochi e narrate Novelle. *Venetia, Giunti*, 1587, in-4, demi-rel.

400. Noctuæ speculum omnes res memorabiles, variasque et admirabiles Tili Saxonici machinationes complectens, authore Ægidio Periandro. *Francofurti ad Mœnum*, 1567, in-8, fig. en bois, vél.

Traduction en vers élégiaques de la vie de Tiel Ulespiegle.

401. Histoire facetieuse du fameux drille Lazarille de Tormes, nouvelle traduction. *Lyon, Antoine Besson, sans date*, in-12, av. fig. en t. d. v.

La dédicace à M. Miton est signée des lettres A. D. R. Cette traduction est attribuée à l'abbé de Charnes.

V. FACÉTIES.

402. Facetie, motti et burle di diversi signori, et persone private, raccolte par M. Lod. Domenichi, con una nuova aggiunta di motti raccolti da Tom. Porcacchi. *Fano, Farri*, 1593, in-8, vél.

403. Scelta di facetie, motti, burle et buffonerie del Piovano Arlotto et altri auttori. *Venetia, Farri*, 1599, in-8, dem.-rel.

404. Scelta di facetie, motti, burle et buffonerie del Piovano Arlotto et altri auttori. *Brescia*, 1622, in-12, vél.

405. La Zucca del Doni, divisa in cinque libri. *Venetia*, 1589, in-8, vél.

406. Le piacevoli e ridicolose facetie di M. Poncino dalla Torre. *Vinegia*, 1609, in-8, cart.

407. Il Scaccia, sonno dilettevole e curioso portato dalle facetie morali di Poncino dalla Torre, con i Diporti del Gonella. *Cremona*, 1665, in-8, cart.

408. Il Rimanente de le piacevole et ingeniose littere indirizzate a diversi, con bellissime argutie... per Messer Andrea Calmo. *Vinegia*, 1557, in-8, cart.

Lettres facétieuses écrites en dialecte vénitien.

409. Opere scelte di Ferrante Pallavicino. *In Villafranca, à la Sphère*, 1671, in-12, v.

410. Aresta amorum cum erudita Benedicti Curtii Symphoriani explanatione (par Martial d'Auvergne). *Lugduni, Gryphius*, 1533, in-4, vél.

La marge des premiers feuillets est gâtée par l'humidité.

411. Carte géographique de la cour et autres galanteries, par (Bussy) Rabutin. *Cologne, P. Marteau* (*Holl.*), 1668, in-12, dem.-rel.

Volume curieux et rare.

412. Joannis Meursii Elegantiæ latini sermonis, seu Aloisia Sigæa Toletana. *Lugd. Bat., ex typis Elzevirianis* (*Barbou*), 1757, 2 part. en 1 vol. pet. in-8, v. tr. dor.

Bel exemplaire.

413. Joannis Meursii Elegantiæ latini sermonis, seu Aloisia Sigæa Toletana de arcanis Amoris et Veneris. *Lugd. Batav., ex typis Elzevirianis*, 1774, 2 part. en 1 vol. pet. in-8, dem.-rel.

414. La prima (seconda e terza) parte dei Ragionamenti di Pietro Aretino. *S. l.*, 1584, in-8, v.

C'est la seconde édition suivant M. Brunet, de 228, 401 et 142 pages, à 28 lignes par page.

415. Pornodidascalus seu colloquium muliebre Petri Aretini, a Casp. Barthio. *Francofurti*, 1623. — Pornoboscodidascalus latinus De lenonum, lenarum, conciliatricum, servitiorum dolis, veneficiis, etc., a Casp. Barthio. *Francofurti*, 1624, rel. en 1 vol. in-8, mar. r. doré sur tr.

416. Pornodidascalus seu colloquium muliebre Petri Aretini, a Casp. Barthio. *Cygneæ*, 1660, in-8, cart.

417. Dialogo della bella creanza delle donne de lo Stordito Intronato (Aless. Piccolomini). *S. l., Stampata in Brouazzo per dispetto d'un asnazzo*, 1540, in-8, doré sur tr.

Petit volume assez rare. Exemplaire bien conservé.

418. Il libro della bella donna composto da M. Federico Luigini da Udine. *Venetia, Pietrasanta*, 1554, in-8, vél.

Dans le même volume : Nova prudentia et è il ragionamento ironico novo et raro al mondo contra la gran schiera delle sceleraggini. Dalla Casappula del Biondo, 1546. Ce dernier ouvrage de Angelo Biondo est rare.

VI. EMBLÈMES, DEVISES.

419. Andreæ Alciati Emblematum libellus. *Lugduni, Jacobus Modernus*, 1545, in-8, fig. en bois, dem-rel.

Les figures des pages 9 et 10 manquent.

419 *bis*. Andreæ Alciati Emblematum libellus, nuper in lucem editus. *Venetiis, Aldus*, 1546, in-8, fig. en bois, cart.

420. Emblemata Alciati. *Lugduni, Rovilius*, 1551, in-8, fig. en bois, dem.-rel.

Les planches sont entourées de bordures. Une piqûre dans la marge du bas.

420 *bis*. Les Devises héroïques de M. Claude Paradin, du seigneur Gabriel Syméon et autres aucteurs. *Anvers, Plantin*, 1561, in-16, fig. en bois, vél. doré sur tr.

421. Dialogo delle imprese militari et amorose di Mons. Giovio vescovo di Nocera et del S. Gabriel Symeoni. *Lione, Rovillio*, 1574, in-8, fig. en bois, dem.-rel.

421 *bis*. Imprese di diversi Prencipi, Duchi, Signori, e d'altri personaggi et huomini letterati et illustri con alcune stanze del Dolce. *Sans date*, in-4 obl. cart.

La préface, signée Giovan. Battista Pittono, porte la date de Venise, 1562. M. Brunet, à la fin de l'art. Dolce, indique une édition *del Libro secondo* (*Venezia*), 1566, pet. in-fol. dans la préface duquel, dit-il, on lit que le *Libro primo* aurait paru en 1562. Le présent *Libro primo* est probablement celui publié par Pittoni en 1562. Il contient 52 planches gravées en taille-douce, avec les explications de Dolce (en vers) entourées de jolis cartouches gravés en bois.

VII. ÉPISTOLAIRES.

422. Phileticus Divo Principi suo Joanni Columnæ Cardinali S. P. D. *Sans date*, in-4 vél.

C'est l'édition décrite par Audiffredi et, d'après lui, par M. Brunet, art. Phileticus, contenant des expositions sur les Épîtres familières de Cicéron. Le livre a été imprimé à Rome, avec les plus anciens caractères de Euch. Storg, vers 1480. Bel exemplaire.

422 *bis*. Pistole del moralissimo Seneca nuovamente fatte volgare. *Venetia*, 1494, in-fol. cart.

423. C. Plinii Cæcilii Secundi Epistolæ et Panegyricus. *Amstelodami, Elzevir.*, 1659, in-12, v. tr. dorée.

423 *bis*. Franciscus Niger de modo epistolandi. *Venetiis, Arte et impensis Jacob. de Regazonibus de Asula*, 1494, in-4, dem.-rel.

Avec de grandes lettres initiales fleuronnées.

424. Ars Tulliano more epistolandi Jacobi P. ad illustrissimum Principem Tarantinum Hispanie Ducem. Incipit fœliciter. *Sans date*, in-4, dem.-rel.

Édition du xve siècle, en caractères gothiques. Quatorze feuillets, avec signatures *a. b*, lettres initiales fleuronnées. L'auteur est *Jacobus Publicius*, et ce traité a été imprimé avec deux autres traités du même auteur. (V. Brunet, art. Publicius.) *Venetiis, Ratdolt*, 1482, in-4. Cette édition n'est pas mentionnée par Hain.

425. Illustrium Virorum Epistolæ, XII libris distinctæ cum succulentis. F. Sylvii commentariis, et cum Jodoci Badii addita explanatione. *Ex edibus Nicolai de Pratis*, 1520, in-4, vél.

Sur le titre est la devise de Jehan Petit, et les mots : *Venum prostant in vico Jacobeo sub signo Lilij aurati.*

426. Gabriel Apollonius Andreæ Brentio S. D. *Sans date*, in-4.

L'épître par laquelle commence le volume fait connaître qu'il contient : *Inscriptionum libellus quem Jacobus Zacharias.... composuerat.* Ces inscriptions sont des modèles d'adresses de lettres au pape, aux cardinaux, rois, princes, capitaines, chevaliers, marquis, comtes, etc. Le volume se compose de 32 feuillets en caractères romains, sans chiffres, signatures ni réclames, avec le registre au verso du dernier feuillet. L'édition paraît être sortie des presses de Venise, du temps du pape Innocent VIII. Il est curieux de voir nommés, dans ces adresses, les hommes illustres de cette époque, musiciens, peintres, sculpteurs, architectes, mathématiciens, poëtes, etc.

427. Leonardi Arretini Epistolæ familiares. — *Die xv mensis Junii M. ccccLxxxxv* (1495). *Antonius Moretus brixiensis et Hieronimus Alexandrinus.* In-fol. cart.

Exemplaire entièrement non rogné.

428. Epistola sive oratio Pii in conventu Mantuano. — Has Pii Secundi Pont. Max. epistolas... *Antonius Zarothus impressit opera et impendio Johannis Petri Nouariensis. Anno domini M. cccclxxxvii Octobris.* In-fol. dem.-rel.

429. Epistolare Francisci Philelphi. *Sans date*, in-4, vél.

Édition imprimée en caractères romains, attribuée par Maittaire aux presses de Milan, 1491.

430. Epistolæ Marsilii Ficini Florentini. *Venetiis, Math. Capcasa*, 1495, in-fol. non rel.

431. De le lettere di Pietro Aretino libri sei. *Parigi*, 1609, 6 vol. in-8 vél.

432. Lettere di Partenio Etiro (Pietro Aretino) a Monsignor Leonardo Severoli. *Venetiæ, Ginammi*, 1638, in-8 vél.

433. Philippi Beroaldi Opusculum eruditum : Quo continetur Declamatio Philosophi Medici Oratoris De excellentia disceptantium. *Bononiæ*, 1497. — De felicitate opusculum. *Ibid.*, 1499.—Declamatio lepidissima Ebriosi, Scortatoris, Aleatoris. *Ibid.*, 1499. — Oratio proverbiorum. *Ibid.*, 1500. — Libellus quo septem sapientum sententiæ discutiuntur. *Ibid.*, 1502. — Symbola Pythagoræ. *Ibid.*, 1503. — Opusculum de Terræmotu et Pestilentia. *Ibid.*, 1505. — Orationes multifariæ. *Ibid.*, 1521. Le tout rel. en 1 vol. in-4, dem.-rel.

Collection très-rare de ces opuscules de Béroalde. Le dernier contient : *Oratio continens laudem Musices*, l'histoire de Titus et Gisippus, et l'histoire de Tancredus, nouvelles traduites de Boccaccio. (*V.* Brunet.)

HISTOIRE.

I. GÉOGRAPHIE.

434. Pomponius Mela de totius orbis descriptione. Author luculentiss. Nunquam antea citra montes impressus. (A la fin) : *Anno MDVII, decima die januarii. Impressum est hoc opus per Egidium Gormontium et per Torinum Biturricum diligentiss. recognitum Parrhisiis*, in-4, vél.

Cet ouvrage publié par G. Tory n'est pas indiqué dans l'ouvrage de M. Auguste Bernard (G. Tory, peintre, graveur, etc.) où la cosmographie de Pie II, imprimée en 1509, est présentée comme le premier travail qu'on connaisse de lui. Le titre de Pomponius Mela est précédé d'une dédicace de G. Tory à Philibert Babou, depuis cardinal, et suivi d'une lettre et de quelques vers latins adressés au même et signés, suivant l'usage de Tory, du mot *Civis*.

435. Solinus de memorabilibus mundi. *Venetiis, per Theodorum de Regazonibus de Asula*, 1491, in-4, demi-rel.

436. Zachariæ Lilii Orbis breviarium, fide, compendio ordineque, captu ac memoratu facillimum. (*Venise, J. et Gr. de Gregoriis*), *s. d.* in-4, dos de vel.

437. Petri Apiani Cosmographia per Gemmam Phrysium denuo restituta. *Antuerpiæ*, 1540, in-4, fig. sur bois, vél.

438. Libro di Benedetto Bordone nel qual si ragiona di tutte l'isole del mondo. *Vinegia, Zoppino*, 1538, in-fol. cartes gr. sur bois, demi-rel.

439. Isolario di Benedetto Bordone nel qual si ragiona di tutte le isole del mondo. *Vinegia, ad instantia et spese di Federico Torresano*, 1547, in-fol. fig. en bois, vél.

Bel exemplaire avec témoins d'une édition aldine. A la fin se trouve relié : *Solinus de mirabilibus mundi. Brixiæ*, 1498.

440. Portulan. Manuscrit sur vélin en or et couleurs. In-fol.

Trois cartes géographiques. La première avec ce titre : *Carte de la mer Oceane. Faict à Marseille par Jf Roussin*, 1659. La seconde : *Carte particulière de la mer Méditerranée.* Dans celle-ci il y a les vues de Marseille, Constantinople, Pignon de la Gomere, Alger, Goletta et Alexandrie. La troisième : *Carte de la mer Arcipelague ou mer Aegee.*

II. VOYAGES.

441. Delle Navigationi et Viaggi raccolte da Gio. B. Ramusio, Primo volume e terza edizione. *Venetia, Giunti*, 1563. — Secondo volume, 1574. — Terzo volume, 1565. 3 vol. in-fol. fig. et cartes, vél.

Exemplaire complet et de bonne conservation.

442. Collectiones peregrinationum in Indiam orientalem... cum fig. æneis fratrum De Bry. *Francofurti*, 1598-603, in-fol. fig. v.

Ce volume contient les six premières parties des Petits Voyages en édition originale. Exemplaire d'une bonne conservation.

443. Americæ pars quarta, quinta, sexta, 1594-1595-1596, rel. en 1 vol. in-fol. fig. demi-rel.

Trois parties des Grands Voyages de De Bry, de première édition. La carte d'Amérique, formant demi-planisphère, qui se place à la VIe partie, se trouve ici au commencement de la IVe, et le plan de Cusco est placé entre les planches 11 et 12 de la VIe partie.

444. Viaggi fatti da Vinetia alla Tana, in Persia, in India, et in Costantinopoli, etc. *Vinegia, Aldus*, 1543, in-8, vél. (*Rare.*)

445. Il Viaggio fatto da gli Spagnuoli a torno al mondo. (*Venezia*), 1536, in-4, n. rel.

Livre fort rare. L'ouvrage contient la traduction en italien de deux relations du voyage de Magellan, l'une par Maximilien de Transilvanie, l'autre par Pigafetta.

446. Viaggio di cinque anni in Asia, Africa et Europa di Don Gio. Battista de Burgo. *Milano* (1686), in-12, non rel.

447. Relation du voyage d'Adam Olearius en Moscovie, Tartarie et Perse, augmentée en cette nouvelle édition d'une seconde partie cont. le voyage de J.-A. de Mandelslo aux Indes-Orientales, trad. de l'allem. par A. de Wicquefort. *Paris*, 1679, 2 vol. in-4, cartes, v.

448. Marco Polo Venetiano Delle merauiglie del Mondo per lui vedute. *Venetia, Ugolino*, 1602, in-8, vél.

449. Voyage des païs septentrionaux par le S. de La Martinière. *Paris, Vendosme*, 1671, pet. in-8, fig. en t. d. cart.

450. Le Navigationi et viaggi di Nicolo de Nicolai, trad. dal francese da Fr. Flori da Lilla. *Anversa*, 1576, pet. in-4, fig. en bois, demi-rel.

451. Relatione della nuova missione delli PP. della Compagnia di Giesu al Regno della Cocincina, scritta dal P. Christoforo Borri. *Roma*, 1631, in-8, vél.

452. Delle Missioni de' Padri della Compagnia di Giesu nella Provincia del Giappone e particolarmente di quella di Tumkino, libri cinque del P. Gio. Filippo de' Marini. *Roma, Tinassi*, 1663, in-4, portraits, vél.

453. Dissertazioni epistolari bibliografiche di Francesco Cancellieri sopra Cristoforo Colombo di Cuccaro nel Monferrato, e Giovanni Gersen di Cavaglià, Abate di S. Stefano in Vercelli, autore del libro De Imitatione Christi. *Roma, Bourliè*, 1809, in-8, demi-rel. dos de mar.

454. Monumenti relativi al giudizio pronunziato dall' Accademia etrusca di Cortona di un Elogio d'Amerigo Vespucci. *Arezzo, Bellotti*, 1787, pet. in-8, n. rel.

455. Ricerche istorico-critiche circa alle scoperte d'Amerigo Vespucci, con l'aggiunta di una relazione del medesimo fin ora inedita, compilate da Francesco Bartolozzi. *Firenze*, 1789, in-8, br.

456. Elogio di Amerigo Vespucci, con una dissertazione giustificativa di questo celebre navigatore del P. Stanislao Canovai. *Firenze*, 1798, in-8, portr. br.

A la fin du volume est relié l'opuscule suivant : Osservazioni intorno ad una lettera su la scoperta del nuovo mondo. Sans date, in-8.

457. Libro primo della historia de l'Indie occidentali cavato dei libri del S. Pietro Martire. *S. d.* — Libro secondo cavato dal historia de l'Indie da Gonzalo Fernando d'Oviedo. *Vinegia*, 1534. — Libro ultimo dove si narra della provincia del Peru. *Vinegia*, 1534 ; 3 part. en 1 vol. in-4, fig. n. rel.

Manque la carte dont parle M. Brunet, vol. Ier, 294, art. ANGLERIUS.

458. Historia dell' India America detta altramente Francia Antartica, di Andrea Tevet, tradotta di francese in lingua italiana da M. Giuseppe Horologgi. *Vinegia, Giolito*, 1561, in-8, dos de mar.

Quelques légères piqûres.

459. Letera de la nobil cipta : nouamente ritrouata alle Indie con li costumi et modi del suo Re et soi populi : Li mode del suo adorare con la bella vsanza de le donne loro : et de le due persone ermafrodite donate da quel Re al capitane de larmata. Data in Peru adi. XXV. de Nouembre. Delo MDXXXIIII. *S. d.*, in-4, 4 ff. br.

Réimpression moderne faite à l'imitation de l'ancienne, et tirée à très-petit nombre d'exemplaires.

III. HISTOIRE UNIVERSELLE.

460. Catalogus annorum et principum geminus ab homine condito, usque in præsentem, per D. Valerium Anselmum Ryd. *Bernæ*, 1540, in-fol. fig. en bois, demi-rel. dos de vél.

Les belles et nombreuses gravures sur bois qui ornent ce livre très-rare sont ici du premier tirage.

461. Eusebii Cæsariensis episcopi Chronicon id est temporum breviarium quem Hieronymus presbiter latinum facere curavit. *Venetiis, Ratdolt*, 1483, in-4, ancienne rel. en bois.

Belle édition en caractères gothiques rouges et noirs, avec de très-belles lettres initiales ornées d'arabesques.

462. Nouissime hystoriarum omnium repercussiones nouiter a Rev. P. Jacobo Philippo Bergomense edite que Supplementum supplementi chronicarum nuncupantur. — *Venetiis per Albertinum de Lissona*, 1503, in-fol. fig. en bois, vél.

Volume orné d'un grand nombre de figures sur bois et de grandes initiales fleuronnées.

IV. HISTOIRE ECCLÉSIASTIQUE.

Histoire des Papes; Histoire des ordres religieux; Vies des Saints, etc.

463. Georgii Hornii Historia ecclesiastica et politica. *Lugd. Batav. et Roterod., ex Officina Hackiana*, 1665, in-12, cart. non rogné.

464. Affaires de l'Église de France de 1722 à 1733. 3 vol. in-4, demi-rel.

Collection d'un grand nombre d'opuscules imprimés et de mémoires manuscrits relatifs à la constitution *Unigenitus*, et à d'autres affaires de l'Eglise de France.

465. Specimen historiæ arcanæ sive anecdotæ de vita Alexandri VI papæ, seu excerpta ex diario Jo. Burchardi, edente G. G. L. (Leibnitz). *Hanoveræ, Fosterus*, 1696, in-4, cart.

Livre curieux et très-rare, recherché pour les anecdotes sur la vie d'Alexandre VI. Il y est aussi parlé du procès de Savonarole. Incomplet du titre.

466. Serie delle medaglie dei Pontefici da Martino V fino a Benedetto XIV. In-fol. demi-rel.

Manuscrit sur papier. Le titre, orné d'un beau dessin à la plume, porte dans un écusson le chiffre TVF.

467. Le Nepotisme de Rome. *S. l., à la Sphère*, 1662, 2 part. en 1 vol. in-12, vél.

468. Il Sindicato di Alessandro VII con il suo Viaggio nell' altro Mondo. *S. l.* (*Holl.*), 1668, in-12, mar. r. doré en tête.

Ce volume s'annexe à la collection des Elzeviers. Exemplaire NON ROGNÉ.

469. Speculum et exemplar Christicolarum. Vita Beatissimi Patris Benedicti, per Angelum Saugrinum conscripta. *Romæ*, 1587, in-4, fig. en taille-douce, dos de vél.

470. Monasteriologia in qua insignium aliquot monasteriorum familiæ S. Benedicti in Germania origines, fundatores clarique viri describuntur... auctore P. Car. Stengelio. *Augustæ Vindelicorum*, 1619, in-fol. fig. vél.

471. Vita beati P. Ignatii Loiolæ Soc. Jesu fundatoris. *Romæ*, 1609, pet. in-4, vél.

Soixante-dix-neuf planches en taille-douce. Bonnes épreuves et bel exemplaire.

472. Epistola Joannis Lannoii ex Elysio ad Generalem Societatis Jesu Præpositum data. *In Campis Elysiis, excud. Jo. Faustus, typis Laur. Costeri*, 1708, in-8, br.

Dans le même volume : Mandement de monseigneur l'évêque de Bethléem. M.DCC.XI. Cette dernière pièce est en vers.

473. Le Catéchisme des Jésuites, ou le Mystère d'iniquité révélé par ses supposts, par l'examen de leur doctrine, mesme selon la croyance de l'Église romaine (par Est. Pasquier). *Villefranche, chez G. Grenier*, 1677, in-12, v.

474. Illustrium Anachoretarum elogia, auctore D. Jacobo Cavacio. *Venetiis*, 1625, in-4, fig. en taille-douce, dos de vél.

475. Trattato de gli instrumenti di martirio e delle varie maniere di martoriare descritte et intagliate in rame. Opera di Antonio Gallenio. *Roma*, 1591, pet. in-4, fig., demi-rel.

Édition originale, contenant les premières épreuves des figures en cuivre d'Ant. Tempesta.

476. De SS. Martyrum cruciatibus Antonii Gallonii liber. *Romæ*, 1594, in-4, fig. en bois, demi-rel.

477. Magni S. Francisci Vita distincta miraculis, descripta simulacris, ab Andrea Vaccario. *S. d.*, in-4, fig., demi-rel.

Quarante-neuf planches gravées en taille-douce par Ph. Tomasin.

478. I prodigiosi trionfi della divina gratia ne gli heroici progressi all' empiree palme de Santi Faustino e Giovita. *Brescia*, 1673, in-4, fig. en t. d., demi-rel.

479. Incomincia el proemio ne la vita del beato Giouanni Co-

lombini composta per Feo Belcari et mandata al magnifico homo Giouanni di Cosmo di Medici. Pet. in-fol. vél.

Manuscrit du xve siècle, partie sur vélin et partie sur papier, d'une belle écriture, à deux colonnes. A la fin on lit : *Finisse la sancta vita del beato Giovanni di Piero di Jacopo Colonbini, composta da Feo di Feo di Iacopo Belcavi, ciptadino fiorentino, nel anno del Signore Mcccclviii.* Vient après un *Cantico di Feo Belcari, della sua criminale stultitia.* Les œuvres de Feo Belcari sont citées par la Crusca.

480. Les Actes et Gestes de la cité de Genève nouvellement convertie à l'évangile, par Ant. Fromment, mis en lumière par G. Revilliod. *Genève, Fick*, 1854, in-8, fig. vél.

Exemplaire en grand papier vélin de couleur.

V. HISTOIRE ANCIENNE.

481. Diodori Siculi Historiarum priscarum a Poggio in latinum traducti libri. *Venetiis, per Andream Jacobi Katarensem*, 1476, in-fol., rel. en bois.

Dans le même volume est relié : Blondi Flavii Roma instaurata, de gestis Venetorum, Italia illustrata. *Veronæ*, 1482.

Beaux exemplaires.

482. Polybii historiarum libri quinque in latinam conversi linguam Nic. Perotto interprete. *Venetiis, Aldus*, 1521, in-8, mar. b. dent. tr. dorée et gaufrée.

Ce volume fait partie du Tite-Live d'Alde. Il est en papier fort et très-bien conservé. La reliure, en bon état, est du xvie siècle.

483. Abbreviatio Pii Pont. Max. supra decades Blondi ab inclinatione imperii usque ad tempora Johannis vicesimi tercii Pont. Max. D.D.L.D.S.P.V. *Anno MCCCCLXXXI.* In-fol. rel. en bois.

Audiffredi, *Rom. edit.*, pag. 248.

484. Romanorum Imperatorum Pinacotheca, cura et labore Lud. Smids. *Amsteledami*, 1699, pet. in-4, fig. dos de vél.

VI. HISTOIRE MODERNE.

1. *Histoire de France et d'Angleterre.*

485. Origine degli antichi popoli della Gallia. Accennata da Giulio Cesare ne suoi commentarij. *S. date*, pet. in-8, cart.

Livret de 26 feuillets, sans titre, imprimé dans le xviie siècle.

C'est une invective contre la France, qui probablement aura été supprimée.

486. Cronica breve dei fatti illustri de' Re di Francia con le

loro effigie al naturale. *Venetia*, *Giunti*, 1590, in-fol. demi-rel., dos de vél.

Soixante-deux portraits gravés en taille-douce, par Franco. Sur le titre est la date de 1590, mais la dédicace porte la date de 1588.

487. Istravaganze nuovamente seguite nel Regno di Francia, overo eccessi del policismo colla Regolatione di Lodouico nono di Francia e d'Errico secondo d'Inghilterra modernamente impugnate dall' Asserto Parlamento di Parigi nel libro intitolato Della Sovrana giuridittione de' Re sopra la Politia della Chiesa. Colle contrarisposte del Cav. Pietro Paolo Torelli. *Colonia*, *Truchio*, 1646, in-4, cart. non rogné.

488. Histoire du Roy Henry le Grand, composée par Messire Hardouin de Perefixe. *Amsterdam*, *Michiels*, 1662, in-12, v.

Le titre gravé porte : *Jouxte la copie imprimée à Paris chez Edme Martin*, 1661. Bel exemplaire, grand de marges. 142 millim.

489. Histoire du Roy Henry le Grand, composée par Hardouin de Perefixe. *Amsterdam*, *D. Elzevier*, 1664, in-12, v.

Très-bel exemplaire, grand de marges. 133 millim.

490. Discorso di Giovanni Cervoni da Colle in laude della christianissima Madama Maria de' Medici Regina di Francia e di Navarra. Doue si tratta de la Bellezza, de le Virtù morali, de l' Honore, del Matrimonio, e de la Grandezza del Regno di Francia. *Fiorenza*, *Marescotti*, 1600, in-4, n. rel.

Douze feuillets. Quelques taches.

491. Il Rapimento di Cefalo rappresentato nelle nozze della cristianiss. Regina di Francia e di Navarra Maria Medici, di Gabriello Chiabrera. *Firenze*, *Marescotti*, 1600, in-4, n. rel.

492. Tre Canzoni de la S. Isabella Cervoni da Colle in laude de' Christianiss. Re, e Regina di Francia e di Navarra Enrico Quarto, e Madama Maria de' Medici. *Fiorenza*, *Marescotti*, 1600, in-4, n. rel.

Sur le dernier feuillet est la signature autographe de *Belisario Bulgarini*.

493. Historia della morte di Henrico Quarto Re di Francia e di Navarra per P. Matthieu, tradotta di francese in italiano da Jean Bernardo de la Baffarderie. Aggiuntovi una Canzone del. Cav. Marini in morte di detto Re. *Modena et in Macerata*, 1615, in-8, cart.

494. Médailles sur les principaux événements du règne de Louis le Grand, avec des explications historiques. *Paris*, 1702, in-4, fig. v.

495. Lettere del cardinal Mazzarino. In-fol. vél.

Manuscrit du XVIIe siècle, sur papier.

496. Historia delle cose occorse nel Regno d'Inghilterra in materia del Duca di Notomberland dopo la morte di Odoardo VI. *Nell' Academia Venetiana*, 1558, pet. in-8, mar. v. doublé de moire, tr. dor.

Bel exemplaire d'un livre rare.

2. *Histoire d'Italie.*

497. Relatione di tutti li Stati, Signori et Principi d'Italia, raccolta da Celso Cittadini. — Discorso di Malta di Pietro Dusina.— Relatione del stato, forze et governo del Gran Duca di Toscana di Francesco Maria Violardi. — Discorso sopra l'autorità del Papa fatto in tempo di Papa Pio Quinto. In-fol. cart.

Manuscrit du XVIe siècle, sur papier, d'une belle écriture.

498. Lettere di vario genere di Mino di Nicolo Buonsignore. In-4, rel. en bois.

Manuscrit du XVe siècle sur papier. Il contient diverses lettres, oraisons et discours concernant l'histoire d'Italie, et de Nicolas Acciaiuoli pour ses affaires de Naples, Rome et Florence. A la fin on lit : *Questo libro scripse Mino di Bonsignore di Nicholo in villa per consumare l'otio a di xxv di luglio Mccccl*v (1455). Manuscrit inédit.

499. Compendio di memorie historiche della città di Savona raccolto da Agostino Maria de' Monti. *Roma*, 1697, in-8, v.

500. Compendio d'Antonio Doria delle cose di sua notitia et memoria occorse al mondo nel tempo dell' Imperatore Carlo Quinto. *Genova, Bellone*, 1571, in-4, vél.

501. Bressa anticha di Gio. Battissa Nazari. *In Bressa, per Lodovico da Sabbio*, 1562, in-8, vél.

502. Cremona fedelissima città, da Antonio Campo pittore. *Cremona, in casa dell' istesso autore*, 1585, in-fol., fig. vél.

Très-bel exemplaire, grand de marges, et avec les gravures d'Augustin Carrache en bonnes épreuves. Cet exemplaire est des premiers, ayant la dédicace adressée aux conseillers de Crémone, de 56 lignes, tandis que dans les autres elle est de 61 lignes.

503. Storia dell' Augusta Badia di S. Silvestro di Nonantola, aggiuntovi il codice diplomatico della medesima illustrato con note del cav. ab. Girolamo Tiraboschi. *Modena*, 1784, 2 vol. in-fol. fig. et cartes, v.

504. Torelli Saraynæ Veronensis De Origine et amplitudine Veronæ, etc. *Veronæ*, 1540, in-fol., fig. sur bois, demi-rel.

Première édition de ce livre rare. Les planches sur bois sont gravées par Caroto. L'exemplaire est complet avec la grande planche du théâtre de Vérone. Quelques feuillets ont été remmargés.

505. Memorie due lette nella società degli amatori della storia patria Fiorentina, il di 9 Gennaio 1803. *Firenze, Ciardetti*, 1803, in-8, br. en cart.

506. Codice diplomatico toscano, compilato da Filippo Brunetti. *Firenze*, 1806, 3 vol. in-4, br.

507. Ad Hernandum Medicem card. illustr. De felicitate Urbis Florentiæ oratio F. Barthol.Baphij. *Bononiæ*, 1565, in-4, cart.

508. La Felicità del serenissimo Cosimo de' Medici Granduca di Toscana di Mario Matosilani. *Fiorenza, Marescotti*, 1572, in-4, cart.

Un coin de la marge en bas est avarié.

509. Serenissimi Cosmi Medycis Actiones Sebastiano Sanleolino auctore. *Florentiæ, Mariscoti*, 1578, in-4, vél.

510. Commentarii de fatti civili occorsi dentro nella Città di Firenze dal 1215 al 1537, di Filippo de Nerli. In-fol vél.

Manuscrit de la fin du xvie siècle, sur papier, d'une écriture assez lisible.

511. Memorie istoriche della ambrosiana R. Basilica di S. Lorenzo di Firenze, opera postuma del cav. Pier Nolasco Cianfogni. *Firenze*, 1804. — Continuazione delle memorie..... raccolte dal can. Domenico Moreni. *Firenze*, 1816, 2 vol. En tout 3 vol. in-4, br.

512. Onuphrii Panvinii, Barth. Marliani, Petri Victoris, Jani Jacobi Boissardi Topographia Romæ. *Francofurti, de Bry, ap. Math. Merian*, 1627, 3 part. en un vol. in-fol. fig. vél.

513. Blondi forliviensis Roma instaurata. *Veronæ*, 1481. — Italia illustrata. *Veronæ*, 1482, 2 part. rel. en un vol. in-fol. got., rel. en bois.

Exemplaire grand de marges et très-bien conservé.

514. Uberti Folietæ ex universa historia rerum Europæ suorum temporum conjuratio Jo. Lud. Flisci. Tumultus Neapolitani. Cædes Petri Lud. Farnesii Placentiæ Ducis. *Neapoli*, 1571, in-4 vél.

515. Annali overo memorie dell' antica e nobile Città di S. Sepolcro..... raccolta fedelmente da diversi Archivi e Manoscritti dall' ab. Pietro Farulli. *Foligno* (1713), in-4, demi-rel.

516. Descrizione del Real tempio e monasterio di santa Maria nuova di Monreale. Vite de suoi Arcivescovi, Abbati e Signori, di Luigi Lello. *Palermo*, 1702, in-fol., fig. vél.

Exemplaire complet, avec le traité : De reedificatione monasterii sancti Martini de Scalis Panormi. *Romæ*, 1596.

3. *Histoire de la Suisse, des pays septentrionaux, de l'empire ottoman.*

518. Topographia Helvetiæ, Rhætiæ, et Valesiæ (en allemand). *Franckfurt am Mayn, Merian,* 1654, in-fol. fig., demi-rel.

Ouvrage rempli de cartes et vues de la Suisse.

519. De Gentibus septentrionalibus, authore Olao Magno. *Antuerpiæ, Plantinus,* 1558, in-8, fig. en bois, demi-rel.

520. Historia delle genti et della natura delle cose settentrionali, da Olao Magno descritta, Nuovamente tradotta in lingua toscana. *Vinegia, Giunti,* 1565, in-fol., fig. en bois, d.-rel.

521. Historia del magnanimo et valoroso signor Georgio Castrioto detto Scanderbergo, dal latino in lingua italiana per Pietro Rocca tradotta. *Venetia, Griffio,* 1554, in-8, cart. dor. sur tr.

522. Cronica del esforçado principe y capitan Jorge Castrioto rey de Epiro, o Albania (por Fr. de Andrade), traduzida del lenguaje Portugues en el Castellano, por Juan Ochoa de la Salde. *En Lisboa,* 1588, in-fol. vél.

Édition fort rare, restée inconnue à N. Antonio. M. Brunet, qui ne la mentionne pas non plus, fait observer qu'Antonio en cite une de Séville, 1528, dont la date doit être fausse, et qu'il faut sans doute lire 1582. Nous croyons plutôt que cette édition de Séville est de 1588, et qu'elle a été faite sur celle de Lisbonne ici présente.

523. Libellus vere christiana lectione dignus diuersas res Turcharum brevi tradens, Bart. Georgieviz authore. *Romæ, Bladus,* 1552, in 8, fig. en bois, demi-rel.

524. Ragguaglio del Serraglio del Gran Turco, et suoi costumi. In-4 vél.

Manuscrit du XVIIe siècle, sur papier. La préface au lecteur est signée B. G.

4. *Entrées, Fêtes, Mascarades, Sacres, Obsèques, Cérémonies, etc.*

525. La Gloria e 'l Tempo festeggianti la nascita del Principe di Modana, Armeggiamento a cavallo fatto alla presenza delle S. A. di Parma. *Modana,* 1700, in-4, cart.

Avec de grandes planches en taille-douce pliées dans le volume.

526. L'Età dell' oro, Introduzione al balletto della Ser. Signora Principessa Margherita e delle signore Dame fatto rappresentare dal Duca di Parme. *Piacenza,* 1690, pet. in-4, cart.

Avec de grandes planches en taille-douce pliées dans le volume.

527. Orazione funebre nelle solenni esequie di Giuseppe secondo celebrate dalla Republica di Lucca, detta dal senatore Cristoforo Boccella. *Lucca,* 1790, in-fol. fig. n. rel.

528. Dissegno della mascherata fatta in Lodi il carnevale dell' anno corrente 1680, nelle nozze di Carlo secondo. *Milano,* 1680, in-4, cart.

Avec de grandes figures en taille-douce pliées dans le volume.

529. Esequie fatte in Venetia dalla natione fiorentina al ser. Cosimo II, il di 25 di Maggio, 1621. *Venetia, Ciotti,* 1621, in-fol. fig., cart.

Belles gravures en taille-douce, entre autres une gravée par Valeggio, représentant les costumes vénitiens de l'époque.

530. Pompe funebri celebrate da' signori Accademici Infecondi di Rome per la morte di Elena Cornara Piscopia. *Padova, Cadorino,* 1686, in-fol. vél.

Avec portrait et grandes planches pliées dans le volume.

531. Discorso sopra la Mascherata della geneologia degli Iddei de' Gentili. *Firenze, Giunti,* 1565, in-4, vél.

Très-rare. L'auteur du Discorso est Baccio Baldini. V. Gamba.

532. Raccolto delle feste fatte in Fiorenza dalli ill. et ecc. Nostri signori e Padroni il sig. Duca et il sig. Principe di Fiorenza et di Siena, nella venute dell Sereniss. Arciduca Carlo d'Austria. *Fiorenza, Giunti,* 1569, in-8, n. rel.

Cet opuscule contient la *Descrittione della Mascherata delle Bufole;* il est très-rare.

533. Esequie del serenissimo don Francesco Medici Gran Duca di Toscana descritte da Giovambatista Strozzi. *Fiorenza, Sermartelli,* 1587, in-4, dos de vél.

Avec une grande planche en taille-douce pliée dans le volume.

534. Relazione delle Feste fatte in Firenze sopra il ghiaccio del fiume Arno l'ultimo dì di Dicembre MDCIV. *Firenze, Sermartelli,* 1604, in-4, n. rel.

Huit feuillets.

535. L'Enea squadra comandata dal sig. capitano e caval. il sig. Alfonso Brunozzi. Nelle nozze del sereniss. Gran Prencipe di Toscana. Composizione del sig. Francesco Bracciolini. *Firenze, Sermartelli,* 1608, in-4, n. rel.

Seize feuillets. Après la composition de Bracciolini, vient l'autre sur le même sujet, par Vincenzio Gattekhi.

536. Descrizione della barriera e della mascherata fatte in Firenze a XVII. et a XIX. di Febbraio 1612 al sereniss. sig. Prencipe d'Urbino. *Firenze, Sermartelli,* 1613, in-4, n. rel.

Sur le dernier feuillet est une note autographe de Belisario Bulgarini ainsi conçue : « Mandatosi questo libretto in dono a me Belisario Bulgarini dal Molto Ill. ed Ecc. Sig. Curzio Pichena, Segretario del sereniss. Gran Duca di Toscan.....» B. Bulgarini de Sienne a composé plusieurs poëmes dramatiques et quelques traités, pour faire voir que *Dante* ne connaissait pas bien les règles du poëme dramatique. C. Pichena a publié les œuvres de Tacite corrigées et annotées par lui.

537. Ballo di donne turche insieme con i loro consorti di schiavi fatti liberi. Danzato nel Real Palazzo de Pitti dauanti alle sereniss. Altezze di Toscana. *Firenze, Giunti*, 1614, in-4, 6 feuillets, n. rel.

538. Il Tempio Mediceo, o vero il Funerale del sereniss. Cosmo II. Gran Duca di Toscana, di Gio. Domenico Peri. *Siena*, 1621, in-8, cart.

539. Le Fonti d'Ardenna. Festa d'arme e di ballo, fatta in Firenze da dodici Signori Accademici Rugginosi il Carneuale dell' anno 1623. Nel Principato del sig. Alessandro del Nero. Inuenzione del sig. Andrea Saluadori. *Firenze, Cecconcelli*, 1623, in-4, n. rel.

Huit feuillets. Une petite tache à la marge.

540. La Precedenza delle dame, Barriera nell' arena di Sparta, fatta dal Principe Gian Carlo di Toscana e da altri Cavalieri giovanetti nella venuta a Fiorenza del sereniss. Ladislao Sigismondo Principe di Polonia e di Suezia. Invenzione del sig. Andrea Salvadori. *Fiorenza, Cecconcelli*, 1625, in-4, n. rel.

541. Esequie del serenissimo Principe Francesco celebrate in Fiorenza dal serenissimo Ferdinando II. Granduca di Toscana suo fratello, descritte da Andrea Cavalcanti. *Fiorenza, Landini*, 1634, in-4, n. rel.

Portrait et emblèmes gravés en taille-douce.

542. Esequie della Regina Maria celebrate in Firenze. *Firenze*, 1643, in-4, fig. vél.

543. Ercole in Teba, festa teatrale rappresentata in Firenze per le reali nozze di Cosimo terzo e Margherita Luisa principessa d'Orleans. *Fiorenza*, 1661, in-4, cart.

Avec plusieurs grandes figures en taille-douce.

544. Esequie di Luigi cattolico Re delle Spagne, celebrate in Firenze nella chiesa di S. Maria Novella, descritte da Nic. Marcello Venuti. *Firenze*, 1724, in-fol. fig. vél.

545. Memorie istoriche riguardanti le feste solite farsi in Firenze per la natività di san Gio. Batista, raccolte da Gaetano Cambiagi. *Firenze*, 1766, in-8, br. en cart.

546. La Reale Medicide esponente la morte di Francesco primo Granduca di Toscana e della Bianca Cappello, tragica festa teatrale. *Firenze, Cambiagi*, 1778, in-4, fig. br.

547. Amore cagion d' Onore, scherzo favoloso per l'incoronazione del Trasandato Archinsipido, fatta 'l di 25 di Luglio, 1620, nell' Accademia degli Insipidi. *Siena, Marchetti*, 1620, in-4, n. rel. (8 ff.)

548. L'Accademia Intronata festante per l'esaltatione d'Alessandro VII al sommo Pontificato. *Siena, Bonetti*, 1655, in-4, n. rel.

549. Breve descrittione della festa nella gran sala del Podesta l'anno 1615. *Bologna*, 1615, in-4, n. rel.

550. Trionfi di Cosimo Medici Primo Gran Duca di Toscana, istorica poesia del sig. Marco Antonio Zambeccari. *Bologna*, 1642, in-4, n. rel.

551. Relatione della solenne cavalcata fatta dalla santità di Nostro Signore Papa Paolo Quinto, domenica alli VI di novembre. Con le descrittioni dell' apparati, et archi trionfali fatti dal popolo romano, descritta e raccolta da Giov. Orlandi, Romano. *Roma e Siena, Florimi*, 1605, in-4, n. rel. (4 *ff.*)

552. Le Pompe del Campidoglio per la Santita di N. S. Urbano VIII, descritte da Agostino Mascardi. *Roma, Zannetti*, 1624, in-4, n. rel.

Le titre est gravé en taille-douce.

553. Pompa funebre nell' essequie celebrate in Roma al cardinal Mazarini. L'abate Elpidio Benedetti l'inventò, la descrisse e la dedicò, etc. *Roma*, 1661, in-fol. fig. anc. rel. en vél. avec fleurs de lis.

L'éloge funèbre du cardinal s'y trouve en latin, français, espagnol et italien.

554. Ragguaglio della solenne comparsa fatta in Roma gli otto di Gennaio 1687 dal conte di Castelmaine, ambasciadore straordinario di Giacomo secondo re d'Enghilterra..., da Giovanni Michele Writ. *Roma, Ercole*, in-fol. vél.

Volume bien imprimé et orné d'un grand nombre de belles planches, gravées par Arn. Van Westerhout.

555. Per la solennissima entrata in Roma del principe Francesco Maria di Toscana, cardinal de' Medici, a ricevere il cappello cardinalizio, Applauso poetico di D. Mario Reitani Spatafora. *Roma, Molo*, 1687, pet. in-4, vél.

556. Accademia funebre nel giorno anniversario della morte di Maria Clementina, regina della Gran Brettagna. *Roma*, 1637. — Parentalia in anniversario funere Mariæ Clementinæ Magnæ Britanniæ Reginæ. *Romæ*, 1736, in-fol. fig. vél.

557. Relazione della cavalcata fatta in occasione del solenne Possesso di senatore di Roma preso alli 9 Giugno 1766 da S. E. il sig. principe D. Abondio Rezzonico. *Roma*, 1766, in-4, n. rel. (4 *feuillets.*)

558. Le Simpatie dell' allegrezza tra Palermo capo del regno di Sicilia e la Castiglia Reggia, capitale della cattolica monarchia manifestate nella presente relazione delle massime pompe festive de' Palermitani, per la vittoria ottenuta contro i collegati, descritta da D. Pietro Vitale. *Palermo*, 1711, in-fol. fig. vél.

A la fin on trouve des poésies en dialecte sicilien et en langues espagnole, française, etc.

559. Il Fuoco eterno custodito dalle Vestali, drama musicale, per la nascita della archiduchessa Anna Maria, figlia dell' imperatore Leopoldo. *Vienna d'Austria*, 1674, in-fol. fig. en t. d. demi-rel.

Volume orné de neuf grandes planches gravées en taille-douce, par Mat. Küsel.

VII. HISTOIRE DE LA CHEVALERIE ET DE LA NOBLESSE.

560. Historie cronologiche della vera origine di tutti gli ordini equestri e religioni cavalleresche, di Bernardo Giustiniano. *Venetia*, 1672, in-4, cart. non rogné.

Avec un grand nombre de blasons gravés sur bois.

561. Ruolo generale de' cavalieri gerosolimitani ricevuti nella veneranda lingua d'Italia, raccolto del venerando Bali di Napoli Fr. Bartolomeo del Pozzo, continuato da Fr. Rob. Solaro. *Torino*, 1738, in-fol. cart.

Avec quelques additions en manuscrit.

562. Ruolo delli cavalieri, cappellani, conventuali e serventi d' armi ricevuti nella veneranda lingua d' Italia della sagra religione gerosolimitana. *Malta*, 1789, in-4, cart.

563. L' Historia di Casa Orsina di Francesco Sansovino. *Venetia, Stagnini*, 1565. — De gli Huomini illustri della Casa Orsina di M. Francesco Sansovino libri quattro. *Venetia*, *Stagnini*, 1562, 2 tom. rel. en 1 vol. in-fol. portraits, vél.

564. Giuoco d' armi dei Sovrani e Stati d' Europa, poema di D. Domenico d' Aquino. *Napoli*, 1678, in-16, fig. en taille-douce, demi-rel.

565. L' Araldo veneto overo universale Armerista, mettodico di tutta la scienza araldica, opera di Giulio Cesare de Beatiano. *Venezia*, 1680, in-4, fig. en taille-douce, cart.

566. Histoire généalogique de la maison de Gondi, par Monsieur de Corbinelli. *Paris*, 1705, 2 v. gr. in-4, portr. et fig.

567. Discorso della nobiltà di Firenze e de Fiorentini, di Paolo Mini. *Firenze*, *Manzani*, 1593. — Avvertimenti e di-

gressioni sopra il Discorso di P. Mini. *Firenze*, *Manzani*, 1594. — Aggiunta al Discorso della nobiltà di Firenze, d'un Capitolo di M. Antonio Pucci nel quale si fa menzione del sito, governo e arti della città di Firenze e sue famiglie dell' anno 1373. (*Firenze*, 1614). 3 tom. en 1 vol. in-8, vél.

Cet Antonio Pucci était contemporain de Pétrarque, de Sacchetti, et composait des poëmes à l'imitation de Dante. Ce *Capitolo* est en vers (*Terzetti*). Il est rare de le trouver uni à l'ouvrage de Mini, qui est rare aussi.

568. Delle Eccellenze e grandezze della nazione fiorentina, dissertazione storico filosofica, la quale si premette ad una descrizione alfabetica dei nomi e famiglie nobilissime di Firenze, etc. *Firenze*, *Vanni e Tofani*, 1780, in-8, br. en cart. avec plusieurs planches de blasons, etc.

569. Prodromo gentilizio, ovvero trattato delle armi ed insegne delle famiglie, di Anton Stefano Cartari. *Roma*, 1679, in-12, vél.

570. Lettera di Alessandro Partenio intorno alla società degli Armeristi e sul giuoco detto lo splendor della nobiltà Napoletana, ascritta ne' cinque seggi. *Napoli*, 1681, in-16, n. rel.

VIII. ANTIQUITÉS.

571. Discorso della religione antica dei Romani, insieme un altro Discorso della Castrametatione et disciplina militare, composti in franzese dal S. Guglielmo Choul, et tradotti in toscano da M. Gabriel Simeoni. *Lione*, *Rovillio*, 1569, in-4, fig. sur bois, vél.

572. Le Imagini de gli Dei de gli Antichi di Vincenzo Cartari. *Padoa*, *Tozzi*, 1608, in-4, fig. en taille-douce, vél.

573. Pomponii Leti et Lucii Fenestellæ Opuscula de Romanorum sacerdotiis et magistratibus. Venundantur a Claudio Equulo vulgariter Chevallon dicto ante collegium cameracense sub diui Christofori insigni libros venditante. *A la fin :* Finis. *In ædibus Ascensianis*, M. D. XI, in-4, n. rel.

574. Lettera responsiva del signor Domenico M. Manni ad un amico, in cui dice il suo sentimento, mutabile all' occorrenza, circa i cadaveri ignoti trovati nel Reale giardino di Boboli. *Firenze*, *Barbera e Bianchi*, 1858, in-4, br.

Édition de Carlo Capponi, tirée à 60 exemplaires numérotés. Cet exemplaire porte le nº 52.

575. Villa Borghese fuori di porta Pinciana, con l' ornamenti che si osservano nel di lei palazzo, e con le figure delle statue più singolari. *Roma*, 1700, pet. in-8, fig. v.

576. Le Iscrittioni poste sotto le vere imagini de gli huomini

famosi le quali a Como nel Museo del Giovio si veggiono. *Fiorenza*, 1552, in-4, vél.

Quelques feuillets sont raccommodés.

577. Illustratione de gli epitaffi et medaglie antiche di M. Gabriel Symeoni fiorentino. *Lione, di Tornes*, 1558, in-4, fig. en bois, vél.

578. Ex libris XXIII commentariorum in vetera imperat. rom. numismata Æneæ Vici liber primus. *Venetiis*, *Aldus*, 1560. — Omnium Cæsarum veriss. imagines. Æneas Vicus F. 1554. — Augustarum imagines ab Ænea Vico. *Venetiis*, 1558, 3 vol. in-4, fig. mar. n. dorés sur tr.

Ces trois volumes d'édition aldine sont dans une ancienne reliure uniforme, avec armes sur les plats.

579. Monuments du culte secret des dames romaines, pour servir de suite à la vie privée des XII Césars. *Rome*, 1787, pet. in-4, fig. color. mar. r. dent. doré sur tr.

Incomplet de 5 planches.

IX. BIOGRAPHIE.

580. Il Libro de gli huomini illustri di Caio Plinio Cecilio ridotto in lingua volgare, etc. *Venetia*, *Guerra*, 1562, in-8, mar. dent. doré sur tr.

Ancienne reliure originale, très-curieuse.

581. Diogenis Laertii Vitæ et sententiæ eorum qui in philosophia probati fuerunt e græco in latinum translatæ a fratre Ambrosio ex recens. Bened. Brognoli. *Venetiis*, *Jenson*, 1475, in-fol. rel. en bois.

Bel exemplaire, avec les lettres initiales ornées d'arabesques en couleur.

582. Liber Johannis Boccacii de Certaldo de mulieribus claris, ad Andream de Acciaiolis de Florentia Alteville comitissam. *Per Johannem Czeiner de Reutlingen Ulme impressus*, 1473, in-fol. vél.

Première édition. Très-bel exemplaire d'un livre extrêmement rare, et important pour les anciennes gravures sur bois qu'il contient. Au verso du 107e feuillet, on remarque celle qui représente la papesse Jeanne saisie des douleurs de l'enfantement dans une procession, et entourée des cardinaux.

583. Istoria dell' eroiche azioni di Ugo il Grande, con la Cronica dell' Abbadia di Fiorenza, la Galleria sepolcrale, etc. *Milano*, 1664, in-4, fig. en bois, vél.

584. Sulla vita e sulle opere del cardinale Girolamo da Correggio, politico-filosofo del XV secolo, Discorso storico di Quirino Bigi. *Milano*, 1864, in-8, portr. br.

585. Istoria degli scrittori fiorentini del P. Giulio Negri. *Ferrara*, 1722, in-fol. vél.

586. Bibliotheca Vmbriæ sive de scriptoribus Provinciæ Umbriæ, auctore Ludouico Jacobillo. *Fulginiæ*, 1658, in-4, demi-rel.

Tome premier, le seul publié et difficile à trouver.

587. Abrégé de la vie des plus fameux peintres, avec leurs portraits copiés de ceux de M*** de l'Académie royale des sciences de Montpellier, par Joseph Ratti Sauonnois. M. DCC. LXII, in-fol. vél.

Manuscrit autographe, avec les portraits des peintres dessinés au lavis.

588. Vite de' pittori, scultori e architetti genovesi di Raffaelle Soprani, con note e continuazione. *Genova*, 1768, 2 vol. in-4, avec portraits, dos de vél. non rognés.

Le tome deuxième est écrit par Carlo Giuseppe Ratti.

589. Memorie dei più insigni pittori, scultori e architetti Domenicani, con aggiunta di alcuni scritti intorno le belle arti del P. L. Vinc. Marchese. *Firenze, Parenti*, 1845, 2 tomes en 1 vol. in-8, portraits, vél.

590. Al sig. Canonico Domenico Moreni Lettera di Niccola Ratti sopra un preteso deposito di Michelangiolo Buonarroti. *Sans date*, in-8, avec une planche, n. rel.

591. Notizie inedite della vita di Andrea del Sarto raccolte da manoscritti et documenti autentici da Luigi Biadi. *Firenze*, 1831, in-8, br.

X. BIBLIOGRAPHIE.

592. Saggio di memorie su la tipografia Parmense del secolo XV, del Padre Ireneo Affò. *Parma*, *Stamp. reale*, 1791, gr. in-4, demi-rel.

593. Annali della tipografia fiorentina di Lorenzo Torrentino (di Domenico Moreni). *Firenze*, *Carli*, 1811, in-8, dos de vel.

Avec des notes et additions manuscrites.

594. Operette bibliografiche del cav. Giuseppe Molini. *Firenze*, 1858, in-8, portr. br.

595. Analyse des travaux de la Société des Philobiblon de Londres, par Octave Delepierre. *Londres*, *Trübner*, 1862, in-8, dos de mar.

Belle édition, tirée à 300 exemplaires seulement.

596. Sette libri di cataloghi a varie cose appartenenti, non

solo antiche, ma anche moderne (di Ortensio Lando). *Vinegia, Giolito*, 1552, in-8, demi-rel.

Ces mélanges historiques sont curieux et difficiles à trouver (Brunet). Ce volume est parfaitement complet, quoiqu'on n'y trouve pas la *Breve Apologia*, annoncée par erreur par M. Melzi dans ses *Anonimi*.

597. Michaelis Mercati Metalloteca, opera et studio Jo. Mar. Lancisii. *Romæ*, 1719, in-fol. fig. demi-rel. (*Mouillé.*)

598. Insegnamenti al vivere del conte Alberto Caprara. *Bologna*, 1672, in-4, fig. en taille-douce, demi-rel.

599. Significati dei colori e de' mazzolli di Fulvio Pellegrino. *Venetia*, *Spineda*, 1599, in-8, demi-rel.

600. De Coloribus libellus, Simone Portio autore. *Florentiæ*, *Torrentinus*, 1548, pet. in-4, demi-rel.

SUPPLÉMENT.

THÉOLOGIE.

601. Biblia sacra. *Venetiis, per Franciscum de Hailbrun*, 1480, gr. in-4, rel. en bois.

Exemplaire bien conservé, avec initiales en couleur.

602. Biblia ad vetustissima exemplaria nunc recens castigata. *Lugduni, Rovillius*, 1573, in-4, fig. en bois, vél.

Roville a employé ces mêmes figures dans les éditions des Figures de la Bible en français et en italien.

603. Historia Veteris et Novi Testamenti conscripta a P. Petro Kwiatkowski. *Aug. Vindel.*, 1741, in-4, mar. r. tr. dor.

Reliure originale, avec armes sur les plats et le nom de *Bertholdus III Abbas Cremiacensis.*

604. Opus expositionis Evangeliorum dominicalium tocius anni rev. mag. Alberti de Padua. *Veneliis, Adam de Rotuil et A. de Corona*, 1476, in-fol. goth., vél.

605. In Proverbia Salomonis Commentarii trium Rabbinorum Salomonis Isacidis, Abraham Aben Ezræ, Levi Ben Ghersom, quos Ant. Giggeius interpretatus est, castigavit, illustravit. *Mediolani*, 1620, in-4, vél.

606. Psalterium latinum. Pet. in-fol., rel. en bois.

Manuscrit sur vélin, à deux colonnes, caractères gothiques rouges et noirs, de la première moitié du xve siècle. Au commencement du volume sont cinq belles miniatures en or et couleurs de la grandeur des pages. Manque le premier feuillet du texte. Au verso du dernier feuillet se trouve une note, avec la date de 1485, postérieure à l'écriture du volume.

607. Psalterium romanum dispositum per hebdomadam una cum Hymnario. *Venetiis, ap. Juntas*, 1576, in-8, car. goth. rouges et noirs, fig. en bois, v. fers à froid av. fermoirs. anc. rel.

608. Officium in festo S. Crescentini martyris Urbini advocati. In-fol., v., anc. rel.

Manuscrit du xvie siècle, sur vélin, en rouge et noir, avec lettres initiales ornées d'arabesques en couleur. Il a appartenu à la sacristie de l'Archevêché d'Urbin.

609. INCIPIUNT VII PSALMI PENITENTIALES. — Litaniæ. — Vigiliæ mortuorum. — Psalterium S. Jeronymi et aliæ orationes. In-16, mar. r. dent., doré sur tr., anc. rel.

Manuscrit du XVe siècle, sur vélin, caractères gothiques avec initiales en or et couleur, et de jolies bordures.

610. Incipit rationale divinorum officiorum editum per Guilielmum Duranti. *Rome, Laur. de Herbipoli*, 1477, in-fol. vél.

611. Prologo de quelle cose che se conteneno in la vita del nostro signore messer yesu christo e de la sua gloriosa madre. — Qui finisse la vita de la preciosa verzene Maria e del suo unico fiolo. *In Venetia, per Maistro Piero Cremonese*, 1486, in-4, dos de v.

Édition très-rare, en caractères gothiques.

612. HESYCHII presbyteri Capitula XXIV ad Theodulum ordine alphabetico, græce. In-fol. vél.

Manuscrit du XVe siècle, sur beau papier, d'une belle écriture et bien conservé.

613. INCIPIUNT COLLATIONES abbatis Ysaac viri eminentis contemplationis. — Explicit liber Ysaac... Deo gratias. In-4, cart.

Manuscrit du XIVe siècle, sur vélin, 48 feuillets à deux colonnes. Au verso des feuillets 10, 20, 30, 48 se trouvent des figures en couleur, d'un bon dessin. La dernière représente le B. Ysac de Syria donnant sa bénédiction à un moine.

614. Beati Leonis Papæ sermones. *Romæ, Sweinheym et Pannartz*, 1470, in-fol. vél.

Le premier feuillet du texte a une belle initiale en or et couleurs, avec le portrait du pape Léon, et au bas de la marge un blason en or et couleurs. Manquent deux feuillets dans les rubriques.

615. Breviloquium S. Bonaventuræ. In-8, vél.

Manuscrit du XVIe siècle, sur papier.

616. Epistole di S. Girolamo nuouamente tradotte di latino in lingua Toscana per Giovanfrancesco Zeffi. *Venetia, Giunti*, 1562, in-4, vél.

617. Incipit Sumula confessionis quam edidit frater Antoninus archiep. Florentinus. *Venetiis, Jo. de Colonia et Jo. Manthen de Gherretshem*, 1474, in-4 goth. à deux colonnes, lettres initiales enluminées, demi-rel.

618. Bartholomei de sancto Concordio Summa de casibus conscientiæ. — *Consumatum fuit hoc opus in civitate pisana..... Explicit autem. Millesimo quatricentesimo septuagesimo tertio* (1473), in-fol. vél.

619. Registrum sermonum Wilhelmi Parisiensis.— Finis sermonum dominicalium ex evangeliis Wilhelmi parisiensis. *Sans date*, in-fol. goth. à deux col. vél.

La préface porte la date : *Ex Thubingensi studio, anno* 1498.

620. Specchio de la fede vulgare, per frate Roberto Carazolo de Leze. *Venezia, de Rusconi*, 1517, in-fol., fig. en bois, v.

621. Galatini (Petri) Opus de arcanis catholicæ veritatis, contra obstinatissimam Judeorum nostræ tempestatis perfidiam. *Orthonæ maris, per Hier. Soncinum*, 1518, in-fol. vél.

622. Joannis Bacconis Anglici Carmelitæ opus super quattuor sententiarum libris. *Mediolani, Leon. Vegius*, 1510-11, 2 vol. in-fol., demi-rel.

623. Opusculum fratris Johannis de sancto Geminiano. *Parisiis, Jo. Petit*, 1512, in-4, vél.

Dans le même volume se trouve : *Aureum opus sermonum, per Fr. Jo. de sancto Geminiano. Parisiis, Jo. Petit*, 1512.

624. De Papæ et Concilii sive ecclesiæ auctoritate, B. Joannis a Capistrano opus. *Venetiis*, 1580, in-4, vél.

625. Supplementum seu Summa quæ Magistrutia seu Pisanella vulgariter nuncupatur (a Nic. de Ausmo). *Venetiis, Barth. Cremonensis*, 1473, in-fol., rel. en bois.

626. Petri Blesensis insignia opera in unum volumen collecta et emendata authore J. M. *Parisiis*, opera Andreæ Boucard. *Impensis Jo. Petit*, 1519, in-fol. goth. cart.

627. R. D. G. M. Ad peccatorem Sodomitam ut cognoscat quantum ceteris criminibus crimen sodomiticum sit detestabilius. *S. l. ni d.*, in-4.

Dix feuillets dont le dernier blanc. Opuscule imprimé à la fin du XVe siècle, en caractères gothiques, par Silber, imprimeur à Rome. Rarissime et très-curieux.

SCIENCES ET ARTS.

628. Vocabularius utriusque iuris. *Lugduni, apud Jo. Crespin*, 1525, in-8, goth. v. anc. rel.

629. Singularia (diversorum iurisconsultorum), cum aliis utilissimis additionibus et castigatione Jo. Thierry Lingonensis *Lugduni, Benedictus Bonnyn*, 1526, in-8, demi-rel.

630. Incipiunt tituli librorum Ven. Bartholomei anglici (de Glanvilla) de proprietatibus rerum. — *Explicit..... Anno domini* 1488, in-fol., demi-rel.

631. Gualteri Burlei super libros Ethicorum Aristotelis. *Venetiis, Octav. Scotus*, 1481, in-fol., demi-rel.

632. Logica magistri Pauli Pergulensis. In-8, rel. en bois.

Manuscrit du xve siècle sur papier.

633. Rosa gallica aggregatoris Lugdunensis domini Symphoriani Champerii... Venundantur ab Jodoco Badio. — *Ex officina Ascensiana*, 1514, in-8, v. anc. rel.

Dans le même volume : *Symphonia Platonis... D. Symphoriani Champerii. — Impressum est hoc opus apud Badium Parrhisiis*, 1516. Deux volumes très-rares, avec de belles lettres fleuronnées, et deux jolies figures sur bois sur les titres, que M. Allut a reproduites (V. Brunet.)

634. Commentaria in summulas Petri Hispani alberto-centones... per Gerardum Harderwickensem elaborati, per Ulricum de Zell prope Lijskirchen impressi, 1493, in-fol., rel. en bois.

Sur le titre est une belle gravure en bois.

635. Abubecri Rasis filii Zachariæ liber. — *Impressum Mediolani per Leon. Pachel et Ulderictum Scinzenceller*, 1481, in-fol. vél.

Ouvrage de médecine très-rare. Exemplaire bien conservé,

636. In nomine sancte et individue trinitatis... Opus supra vires aggredior... Quod opus volo .. nominare. In quo si attente legatur omnium fere infirmitatum medicine faciles et efficaces inveniunt. In-fol., demi-rel.

Ancien manuscrit sur vélin de 69 feuillets, avec initiales ornées d'arabesques en couleur. Le premier feuillet a une grande initiale, avec encadrement et armoiries en or et couleurs.

637. Consilia Montagnane, Tractatus tres de balneis patavinis, etc. *Lugduni, Jac. Myt*, 1525, in-4 goth., anc. rel.

638. Expositio Petri de Ebano patavini in libr. problematum Aristotelis. *Padue, Jo. Herbort*, 1482, in-fol. vél.

639. Dispensarium magistri Nicolai propositi ad aromatarios. — Finitur Platearius circa instans vocitatus de simplici medicina. *Sumptibus Vincenti de portonariis, in inclyto emporio Lugdunensi*, 1524, in-4, vél.

Quelques piqûres à la marge.

640. Microcosmus hypocondriacus sive de melancholia hypocondriaca tractatus a Malachia Geigero. *Monachii*, 1651, in-4, vél.

Avec figures emblématiques en taille-douce.

641. Hieronymi Gabucini Fanestris medici de comitiali morbo libri III. *Venetiis, Aldus*, 1561, in-4, vél.

642. Prima pars Plyniani Indicis editi per Jo. Camertem. C. Plinii naturalis historiæ libri XXXVII. *Venetiis, Sessa et Serena*, 1525, in-fol., fig. en bois, vél.

Édition ornée d'un grand nombre de figures et lettres initiales gravées sur bois.

643. Opera dell' huomo dotto et famoso Giovan Boccaccio da Certaldo dalla lingua latina nel thosco idioma trallatata per Nicolo Liburnio. Dove si tratta delli monti, selve, boschi, fiumi, stagni, paludi, golfi et mari. *Sans date*, in-4, vél.

644. De Natura dæmonum Jo. Laur. Ananiæ. *Venetiis, Aldus*, 1589, in-8, vél.

645. Opera de facti e precepti militari di Roberto Valturio in latino hora traducta in vulgar. *Verona*, 1483, in-fol., fig. en bois, vél.

Edition recherchée à cause des figures, et parce qu'elle a été la première de cette traduction italienne. (*Brunet.*)

646. Aritmetica pratica di Giulio Bassi, corretta ed accresciuta da Gioseffo Porcelli. *Piacenza*, 1765, 2 tom. en 1 vol. in-fol., fig. cart.

647. Nuova Scienza di horologi a poluere che mostrano e suonano distintamente tutte le hore, del P. Archangelo Maria Radi. *Roma*, 1665, in-4, fig. en t. d., vél.

648. Retta linea gnomonica di Giuseppe Maria Figatelli. *Forli*, 1667, in-4, fig. en bois, cart.

649. Ragguaglio istorico della diversione dei duo fiumi il Ronco ed il Mantone della città di Ravenna. *Bologna*, 1741, in-4, fig. vél.

650. Le Imagini degli Dei degli antichi di Vincenzo Cartari. *Padova, Tozzi*, 1608, in-4, fig. en t. d. vél.

651. Habiti antichi, overo raccolta di figure delineate dal gran Titiano, e da Cesare suo fratello diligentemente intagliate. *Venetia, Gio. Giacomo Hertz*, 1664, in-8, fig. en bois, d.-rel.

Les planches sont fraîches et très-bien imprimées.

652. Il Cesarino, ovvero dell' arte di cavalcare, dialogo di Baldovino da Monte Simoncelli. *Mantova, Osanna*, 1625, in-4, vél.

653. La Caccia dell' arcobugio del cap. Vita Bonfadini, con la pratica del tirare in volo, in aere et à borita, etc. *Bologna, e Bassano, Remondini*, *s. a.*, in-8, fig. en bois, cart.

BELLES-LETTRES.

654. Notabilia magistri Johannis de Suncino. In-4, non rel.

Manuscrit du XVe siècle sur papier, contenant des règles grammaticales en latin.

655. Ciceronis Rhetorica. In-4, rel. en bois.

Manuscrit du XVe siècle sur papier, d'une belle écriture et bien conservé. Le premier feuillet est décoré d'une initiale et d'armoiries en or et couleur.

656. Viridarium illustrium poetarum cum ipsorum concordantiis in Alphabetica tabula contentis. *Lugduni, per Gilbertum de Villers*, 1512, in-8 vél.

657. Fratris Jacobi Philippi androphili ferariani : de inevitabili mortis decreto. Omelia. In dominica passionis. Coram Alexandro VI Pont. Max. ac senatu apostolico. In eius sacrario pontificio v. cal. Aprilis. M. ccccci. dicta. Pet. in-4, v. anc. rel.

Manuscrit sur vélin, probablement le même qui fut présenté au pape. Ce sermon prononcé devant Alexandre VI, peu de jours avant sa mort, commence : *Firmissimum est theologorum nostrorum decretum : Beatissime pater mortis originem non a natura, sed ab humana tantum culpa pendere.*

658. Le Metamorfosi di Ovidio ridotte da Gio. Andrea dell' Anguillara in ottava rima. *Venetia, de' Franceschi*, 1579, in-8, fig. en bois, v.

659. A Son Altesse serenissime Madame Marguerite-Louyse d'Orleans, sur son mariage avec Son Altesse serenissime Cosme de Medicis prince de Toscane. *A Florence*, 1661, in-4, vél., dent. doré sur tr. anc. rel.

Ce volume est tout à fait inconnu; l'auteur est le célèbre Dassoucy, qui a signé l'épître dédicatoire. M. Brunet, qui cite tous les ouvrages connus de ce poëte burlesque, ne parle pas de celui-ci. Aux pages 20, 21, 22, on lit un très-curieux parallèle entre Paris et Florence. Les rimes redoublées de cet auteur sont aussi dédiées à madame Marguerite-Louise d'Orléans.

660. Orlando furioso di M. Lodovico Ariosto. *Venezia, de' Franceschi*, 1584, in-4, fig. en t. d., cart.

Bel exemplaire, avec les gravures de Porro. La figure du chant 34 est la même que celle du chant 33.

661. La Cicceide del Lazzarelli. In-8, vél.

Manuscrit sur papier, qu'on suppose autographe, étant rempli de corrections de la même écriture que celle du texte.

662. Fiammetta del Boccaccio. *Fiorenza, Giunta*, 1533, in-8, demi-rel.

663. Aloysii Passerini Brixiani historia lepida de quibusdam ebriis mercatoribus, latine scripta.— Presbiter Baptista Farfengus... *Brixiæ*, 1495, in-4, n. rel.

Opuscule rarissime.

HISTOIRE.

664. Cosmographia Petri Apiani per Gemmam Frisium. *Anturpiæ, Bontius*, 1550, in-4, avec figures mobiles, vél.

665. Fasciculus temporum antiquorum cronicas complectens. *Sans date*, in-fol., fig. en bois, rel. en bois.

C'est l'édition sans date, in-folio gothique de 6 feuillets non chiffrés et xc chiffrés, avec figures en bois (V. *Brunet.*)

666. Concordiæ inter Alexandrum III summum pontificem et Fridericum I imperatorem Venetiis confirmatæ narratio. *Parisiis*, 1632, in-fol. vél.

667. Martyrologium romanum Gregorii XIII iussu editum. *Venetiis*, 1732, in-4, rouge et noir, v. doré sur tr.

668. Catalogus sanctorum et gestorum eorum a Petro de Natalibus. *Vicentiæ, per Henricum de sancto Ursio*, 1493, in-fol., n. rel.

Première édition de cet ouvrage, ornée d'un grand nombre de belles initiales fleuronnées.

669. Las Cosas maravillosas de la santa ciudad de Roma, donde se trata de las Yglesias, Estaciones y Cuerpos santos que ay en ella. *Roma*, 1700, in-8, fig. en bois, vél.

670. Tempio eremitano de' santi e beati dell' ordine Agostiniano, di F. Ambrogio Staibano. *Napoli*, 1608, in-fol., fig. en t. d., cart.

Le titre porte *Prima Parte.*

671. Jacobi Gualliæ Papiæ sanctuarium. *Papiæ, Jac. de Burgofranco*, 1505, in-4, fig. en bois, non rel.

672. Romische historien Titi Livii... translation ausz dem latin. *Gedruckt zu Meyntz, durch Johan Schoffer*, 1536, in-fol., fig. en bois.

Dans le même volume : Caii Julii Cesaris des grosmechtigen ersten Romischen Keysers Historien... Meyntz, Jo. Schöffer, 1536, in-folio figures en bois. Ces deux ouvrages reliés en un volume sont remplis d'un grand nombre de jolies figures en bois.

673. Die Cronica van der hilliger Stat Coellen (1499), in-fol., fig. en bois, vél.

Dans cette chronique de Cologne il est dit que l'art de l'imprimerie fut découvert par Guttemberg en 1440, et perfectionné en 1450. Ce volume contient un grand nombre de figures sur bois. Il est bien conservé, mais les feuillets 233-38 et les deux derniers ont été anciennement refaits à la plume.

674. Breve Descrizione dell' Arcipelago e particolarmente delle diciotto isole sottomesse l'anno 1771 al dominio Russo, del conte Pasch di Krienen. *Livorno*, 1773, in-8, br. en cart.

675. La Republica e i magistrati di Venegia, di M. Gasparo Contarino. *Vinegia*, 1548, in-8, cart.

676. Nicolai Gerbelii Phorcensis pro declaratione picturæ sive descriptionis Greciæ Sophiani libri septem. *Basileæ, Oporinus* (1550), in-fol., cart. non rogné.

677. Gli Annali, overo le vite de' principi et signori della casa Othomana, di M. Francesco Sansovino. *Venetia*, 1571, in-4, v.

678. Historia della guerra fra Turchi et Persiani, da Gio. Tomaso Minadoi. *Roma*, 1587, in-4, vél.

Avec une grande carte chorographique.

679. Entrata nella China de' Padri della compagnia di Gesu tolta dai commentari del P. Matteo Ricci, opera del P. Nicolao Trigauci, volgarizzata da Antonio Sozzini. *Napoli, Scoriggio* (1615), in-4, cart. (*Mouillé.*)

680. Patenæ argenteæ mysticæ quæ utpote Divi Petri Chrysologi munus Foro-Cornelii in ecclesia S. Cassiani colitur descriptio et explicatio a Jo. Pastritio. *Romæ*, 1706, in-4, fig. v.

681. Consigli cavallereschi del sig. Francesco Birago. *Milano*, 1623, 3 part. en un vol. in-8, vél.

FIN DU CATALOGUE.

www.ingramcontent.com/pod-product-compliance
Ingram Content Group UK Ltd.
Pitfield, Milton Keynes, MK11 3LW, UK
UKHW022125170726
13837UKWH00003B/1361

9 782329 535951